사기어록

사기어록

史記語錄

인간과 권력의 본질을 꿰뚫는 문장들

김원중

민음사

인간과 권력에 관한 영원한 고전 『사기』는 52만 자가
넘는 방대한 분량으로 구성된 동양 역사서의 근간이요
인간학의 보고다. 사마천(司馬遷)이 아버지 사마담(司馬談)의
유언에 따라 완성한 『사기』는 전설상의 황제(黃帝)시대부터
사마천이 살았던 한 무제(漢武帝) 때까지 2000여 년을
다루고 있다. 특히 주나라가 붕괴되면서 등장한 제후국
50개 가운데 최후까지 살아남은 전국칠웅(戰國七雄), 즉
진(秦)을 비롯한 한(韓)·위(魏)·제(齊)·초(楚)·연(燕)·조(趙)의
흥망성쇠 과정을 담고 있으며, 역사 속에 명멸해 간 제왕과
제후 그리고 수많은 인물들의 이야기를 통해 인간 삶의
문제와 각국의 생존사를 생생하게 그리고 있다.

어디 그뿐인가? 사마천이 궁형의 치욕을 견디면서
자신의 혼을 담아 써낸 『사기』는 하나같이 명언 명구로
장식된 정교한 갑옷 같은 책이다. 삶의 가혹한 조건 속에서
탄생한 명작이기에 깊은 생각의 단초들이 행간에 녹아
있다. 위기에 맞서 자신을 지키고 부당한 세상과 호기롭게
담판을 지은 이야기를 적지 않게 담고 있기 때문이다. 문장
하나, 단어 하나에 스며 있는 지혜와 통찰은 죽간에 새겨진
글자들이 손끝에 닿는 듯 사마천의 숨결이 읽히는 듯
절절히 와 닿는다.

이 책은 장강처럼 흐르는 『사기』의 세계에서 200여 편의 명구를 뽑아 그 명구가 나온 역사적 배경과 간취할 만한 통찰력을 현대적 사유 속에 담았다. '나'로부터 '타인'으로, '세상'으로, '시대'로 이어지는 맥락을 따라 4부로 구별함으로써 지금 당면한 과제의 기준점에서 그 역사적 의미와 삶의 지혜를 찾을 수 있도록 하였다. 이 책의 풍성한 어록은 다양한 스펙트럼을 구축하고 있다. 경구도 있고 격언도 있으며 상소문도 있고 서간문도 있고 속담도 있다. 춘추전국시대와 초한 쟁패 과정을 주축으로 하는 격변의 상황 속에서 탄생된 「열전」의 어록들이 가장 많지만, 제후들의 이야기를 담은 「세가」와 제왕들의 이야기인 「본기」의 어록들도 수두룩하다.

물론 『사기』의 어록에서 백미를 이루는 것은 사마천이 인물을 총평하거나 상황을 빗대어 한 말들이다. 시대를 풍미한 자들은 왕후장상만이 아니다. 제도권 안에만 있는 것도 아니고, 시대에 족적을 남긴 자들만을 의미하지도 않는다. 아무런 지위도 없이 절치부심하면서 세상에 빛을 던진 사람들이 눈길을 사로잡는다. 물론 자신의 신분이나 배경을 탓하지 않고 치열한 승부 근성으로 세상에 맞서 높은 자리에 오른 자들의 어록들도 많다. 모두가 자신의 현재 위치에 머무르지 않고 끊임없이 자신에 대해 성찰하고 세상의 문제를 고민하고 삶을 성실히 일구는 자들이 던진 말들은 공평한 햇살처럼 지금 읽어 보더라도 깊은 통찰력을 느낄 수 있다.

　조정의 권좌에 있는 자들을 빗대는 은자들의 말에는
냉소가 배어 있고, 청렴하고도 엄격한 자세를 견지하려는
관리들의 말에는 혼탁한 세상을 바로잡으려는 위엄이 서려
있다. 흔히 골계가라고 불리는 자들의 말에는 그 웃음에
섞여 있는 특유의 풍자가 일품이고, 자객들의 말에는
시대를 품고 살아가는 비장함이 서려 있다. 병가들의
언어에는 만사를 결단하는 확고함이 엿보이고, 종횡가들의
말은 상대를 설득시키려 온 힘을 다하는 심리전이
일품이다.

　사마천은 개개 인물의 내면으로 깊이 파고 들어가
자신이 관정(管井)한 우물에 맑은 샘물로 고이도록 모으고
차오르게 하여 자신만의 말들로 승화시켜 굳건하고도
독창적인 세계를 개척하였다. 어떤 시대의 분위기에도
흔들리지 않고 주변의 왜곡된 시각에 동조하거나 성급하게
반박하여 재단하지도 않는 그야말로 역사가의 눈으로
서릿발 같은 평가를 내리기도 하였으며 그런 평가가
고스란히 어록에 스며들어 있다.

　지금부터 20여 년 전인 1999년에 『사기열전』을 완역
출간하고 2011년 전권을 완역 출간했다. 그동안 『사기』에
관한 학술 논문을 열 편가량 썼으며, 기업과 공공기관에서
200회 이상 『사기』 강연을 했고 최고경영자들을 대상으로

'사기 인간학' 강의도 했다. 사마천과 그가 남긴 『사기』는
이미 내 마음의 심장부에 각인되었고 사마천은 나의
멘토로 자리 잡았다.

이 책은 2009년에 '사마천의 생각 수첩'이란 부제를 달고
출간된 『통찰력사전』을 토대로 하고 있지만, 거의 뼈대만
남기고 편집이나 해설, 해석 방식 등을 전면 개정하여
현대의 독자들이 『사기』의 핵심 어록에서 삶의 지혜를
얻을 수 있도록 구성했다.

거시적으로는 날로 치열해지는 국제관계와 주요
강대국의 틈바구니에 끼어 있는 오늘의 상황에 비춰 볼
때, 춘추전국시대와 초한 쟁패 과정에서 저마다 처절한
생존 전략을 찾으려 한 영웅들의 생존사를 바탕으로
한 『사기』의 어록을 통해 국가와 민족의 장래를 제대로
헤아려 보는 것도 시대를 보는 통찰의 지혜가 아닐까?

이 책을 통해 독자들이 사마천이 아픔을 딛고 완성한
불후의 대작 『사기』가 2000여 년이 흐른 지금도 빛을
발하는 그 의미를 되새기며, 세상을 보는 힘을 기르고
삶의 방향도 되돌아보는 여유를 갖는다면 나로서는 더없는
보람이겠다.

2020년 1월 31일
김원중

무엇이
나를
높이는가

나를 다스리다

'나는 누구이며 무엇이 나를 높이는가?' 하는 명제에 스스로 질문을 던져 본 적이 있는가?

1부에서는 자신의 존재감을 높이는 것과 관련해 사마천이 자기 스스로 세상에 대해 질문하고 느낀 명문들을 모아 보았다. 대체적인 내용은 자신을 수양하고 경청하며, 깊이 사유하되, 겸손하면서도 소신과 의지를 갖고 인내하고 때로는 발분의 역량을 발휘하라는 것 등이다.

이 어록을 통해 독자들은 스스로 멀리 보는 지혜를 터득할 것이다. 노자를 만난 공자가 자신은 노자의 경지에 이르지 못했음을 겸허히 인정한 것처럼 세상에는 고수가 너무 많다는 점을 유념하고, 매 순간 스스로를 낮추고 깊이 생각하라는 교훈을 찾는 것도 나를 다스리는 한 독법이다.

누구나 자신을 보여 주는 거울은 있다. 이 어록들 속에서 늘 타인의 충고를 통해 자신의 허물을 고쳐야 한다는 점을 염두에 두는 것도 나쁘지 않다. 지금 부딪치고 있는 현재의 순간을 보지 말고 미래를 보아야 한다. 과거에 함몰되어 미래의 가치를 망각하지 말고 때로는 분을 떨치고 일어나야 한다. 그러면서도 제

자신이 곤궁해질수록 보다 높은 이상을 향해 나아가야 하는 것도 필요하다.

만일 지금 치욕스러운 상황에 처해 있다면 곱씹으며 그것을 딛고 일어설 수 있는 용기도 필요하다. 월왕 구천(句踐)은 회계산의 치욕을 잊지 않고 와신상담(臥薪嘗膽)하지 않았는가. 치욕은 때로 왕관이기에 스스로 그믐 속에서 자신을 기르면서 상대의 경계를 느슨하게 하는 것도 필요하다.

어려운 때일수록 정도를 걸어야만 연꽃처럼 고결한 뜻을 견지할 수 있다. 어떤 상황에 놓여도 한결같은 마음을 유지하는 것이 기본 중의 기본이다.

수신해야
뜻을
펼치리라

진실로 제 몸을 닦을 수만 있다면,
어찌 영달하지 못할 것을 걱정하겠소.

苟能修身, 何患不榮.

—「골계열전」

한(漢)나라 때는 자유로운 지성을 펼치기 힘든 시대였다. 먹줄을 대는 듯한 법과 격식이 숨통을 조이는 분위기였다. 그런 상황에서 날카로운 해학과 풍자로 용납되기 힘든 만용을 부린 이야기꾼들의 이야기를 담은 것이 바로 「골계열전」이다.

앞의 인용문은 「골계열전」의 주인공 중 한 명인 동방삭(東方朔)의 말이다. 그는 언제든 궁중에서 황제를 모실 수 있는 위치에 있었고 언제든 말 상대가 되었으며 식사 시간의 벗이 되는 행운을 누렸다. 그러면서도 그는 날카로운 현실 감각으로 황제들의 언행을 거론하며 비판과 조언을 병행했다. 내용은 때로 무거웠지만 형식은 가볍고 날렵했기에 그는 이 위태로운 줄타기에서 쉽게 떨어지지 않았다.

그가 예로 든 자는 태공망 여상(呂尙)이다. 여상은 몸소 인의를 실천하다가 72세가 되어서야 주나라 문왕을 만나 자신의 포부를 실행할 수 있었고, 제나라에 봉해져 자손들에게 이르기까지 700년 동안이나 영예로움이 끊어지지 않았다. 동방삭은 그 힘의 원천이 밤낮으로 부지런히 학문을 닦으며 도를 실천하는 것을 멈추지 않았던 선비 정신에 있다고 보았다.

정신과 육체는 하나다

대체로 사람이 살아 있다는 것은 정신이 있다는 것이며,
기탁하는 것은 육신이거늘, 정신을 너무 사용하면
고갈되고, 육신을 너무 수고롭게 하면 피폐해지니,
육체와 정신이 분리되면 죽게 된다.

> 凡人所生者神也, 所託者形也.
> 神大用則竭, 形大勞則敝, 形神離則死.
> ──「태사공자서」

수신에 관한 어록

━━ 사마천의 아버지 사마담의 말이다.

　사마담은 천문과 역법을 다루고 황실의 전적(典籍)을
관장하였으나 백성을 다스리지는 않았다. 한 무제 때
황실의 봉선(封禪) 의식을 거행하였는데, 당시 그는 낙양에
있었기 때문에 참여할 수가 없었다. 이로 인해 화가 치밀어
번민하던 끝에 죽었는데, 죽기 전에 아들 천에게 자신이
기록하던 사적(史籍)을 완성해 달라고 유언하였다. 아들
천이 그 뜻을 이루어 완성한 것이 『사기』이다.

　사마천의 아버지 사마담은 그 당시 학자들이 학문의
참뜻에 통달하지도 못하면서 스승을 배척하는 것을
긍휼히 여겨 육가(六家; 유가, 묵가, 도가, 법가, 음양가, 명가)의 주된
가르침을 모아 정리했다. 앞의 말은 그 논의의 마지막에
나오는 말이다. 사마담은 "정신이란 삶의 근본이고
육체는 보존하고 실어 나르는 도구"라는 관점을 아들에게
확고하게 물려줬다.

즐거움만
따르면 곧
무너진다

술이 극도에 이르면 어지럽고
즐거움이 극도에 이르면 슬퍼진다.

酒極則亂, 樂極則悲.

—「골계열전」

■ 골계가 순우곤(淳于髡)이 사물의 이치를 말한 것이다.

제나라 위왕(威王) 8년에 초나라가 쳐들어오자, 위왕은 순우곤에게 황금 100근, 사두마차 10대를 예물로 가지고 조나라로 가서 구원병을 청하게 하니 순우곤은 겨우 이런 정도의 예물로 구원병을 구할 수 있겠냐면서 핀잔을 주었다. 이에 위왕이 다시 황금 1000근, 백벽(白璧) 10쌍, 사두마차 100대로 예물을 늘려 구원병을 청하게 하자 결국 성공하여 조나라는 정예병 10만과 전차 1000대를 내주었다.

위왕이 기뻐하면서 주연을 베풀었다. 순우곤은 시국에 어울리지 않는 이런 행태가 못마땅했는데, 그때 위왕이 순우곤의 주량을 물어보았다. 앞의 인용문은 이 질문에 대한 대답이다. 주량이란 분위기에 따라 완전히 달라질 뿐만 아니라 즐거움만 추구하면 곧 패망한다는 것을 일깨우고자 한 것이다. 풍자와 통찰이 적절하게 이루어진 명문이다.

무엇이 나를
높이는가

사람들이 말하기를 존귀하게 되는 까닭을 소중하게 여기는
자는 존귀하게 된다.

      人曰貴其所以貴者貴.

— 「저리자 · 감무열전」

— 유세가 소대(蘇代)의 명언 중 하나다.

자신을 존귀하게 만들어 주는 것이 무엇인지를 알고 그것을 소중하게 지킬 줄 알아야 한다는 것이다. 때로는 자신이 모시는 왕일 수도 있고, 자신만의 성향이나 삶의 스타일일 수도 있고, 주변 사람들일 수도 있다. 좋은 친구는 바로 이런 점을 발견하고 지적해 주는 사람이다. 그러나 살다보면 자신의 장점을 잊고 사는 경우가 허다하며 남들의 장점보다는 약점을 부풀려 말하는 경우가 많다.

쓴소리를
피하지
말라

신이 듣건대 현명한 왕은 자기 허물을 듣는 것에 힘쓰고,
자신의 잘한 점을 들으려 하지 않는다고 합니다.

臣聞明王務聞其過, 不欲聞其善.

— 「소진열전」

경청에 관한 어록

—— 현명한 군주의 조건은 늘 이러하다.

소진(蘇秦)의 동생 소대도 형의 뒤를 이어 여러 나라를 바쁘게 오가며 형세를 연구하고 합종연횡의 주동자이자 유세가로 활약했다. 나라들마다 모순 관계가 복잡하고 정국도 안정되지 못해 수시로 흔들렸기 때문에 합종연횡의 기초는 튼튼할 수가 없었다.

이런 상황에서 소대는 거침없이 왕의 허물을 말했지만 신임을 받았고 연나라 정벌 계획을 세운 조나라 혜문왕(惠文王)을 찾아가 설득하는 큰일을 맡았다. 소대는 어부지리 고사를 통해 연나라와 조나라가 싸워 힘이 약해지면 진나라만 이득을 취할 것이라고 말해 결국 조나라의 연나라 침공을 막을 수 있었다.

귀가 열려야
입도 열린다

내가 전에 왕을 뵈었을 때, 왕은 말〔馬〕을 쫓아가는 데
정신이 팔려 있었고, 그다음에 왕을 뵈었을 때는 왕이
음악에 정신이 쏠려 있었소. 나는 이 때문에 말없이 있었던
것이오.

> 吾前見王, 王志在驅逐; 後復見王,
> 王志在音聲; 吾是以黙然.
>
> —「맹자 · 순경열전」

■ 순우곤이 양나라 혜왕을 뵈었으나 아무런 조언을 해
주지 않았다. 당황한 왕은 그를 소개한 빈객을 꾸짖으면서
자신이 아무런 조언도 듣지 못했다고 했다. 빈객이 사정을
따져 묻자 순우곤이 답한 말이다. 대화는 두 사람이 하는
것이고 조언도 들을 자세가 되어 있는 자에게 쓸모가 있는
법이다.

　　순우곤은 제나라 학자로서 익살과 풍자로 유명했다.
천한 신분 출신으로, 몸도 작고 학문도 잡학(雜學)에 지나지
않았으나 기지가 넘치는 변설로 제후를 섬겨 사명을
다했다.

자세히 들어야
구별할 수 있다

〔남의 의견을〕 듣는 것은 일의 〔성공과 실패의〕 조짐이며,
계획을 세우는 것은 일의 〔성공과 실패의〕 기틀이 됩니다.
〔진언을〕 잘못 들어 계책에 실패하고도 오래도록 편안한
자는 드뭅니다. 〔진언을〕 듣는 데 한두 가지라도 실수를
하지 않으면 말을 통해 〔그 사람을〕 어지럽게 할 수 없고,
계책이 처음과 끝을 잃지 않으면 〔교묘한〕 말로도 분란을
일으킬 수 없습니다.

> 夫聽者事之候也, 計者事之機也,
> 聽過計失而能久安者, 鮮矣.
> 聽不失一二者, 不可亂以言;計不失本末者,
> 不可紛以辭.

— 「회음후열전」

괴통(蒯通)의 말이다. 그는 모사요 전략가이며 굴욕을
견디고 성공의 신화를 쓴 한신(韓信)의 마음을 잘 알고
있었다. 또한 한고조가 창업 공신 중에서 자신에게 가장
위협적인 존재인 제나라 출신 한신을 가만히 두지 않을
것을 잘 알고 있었다. 괴통은 천하 대권의 향방이 한신에게
있는 것을 알고는, 과감하게 한고조를 배반하여 독자적인
행보를 하라고 하면서 이와 같이 충고했다. 한신은 괴통의
제안을 거절하였고 괴통은 무당이 되어 버렸다. 조짐을
먼저 파악한 뒤 계획을 세워야 그것이 튼튼한 기틀이 되는
것임을 한신은 몰랐단 말인가.

　　사마천은 「회음후열전」에서 들짐승이 다 없어지면
사냥개는 삶아 먹힌다는 토사구팽의 논조와 다다익선의
주인공 한신이 올라갈 만큼 올라갔으면서 도가의 겸손을
배우지 않아 비운의 주인공이 되는 역사적 사실을 밀도
있게 그려 내고 있다.

깊이 생각해야
깊이 듣는다

배우기를 좋아하고 생각을 깊이 해서 마음으로 그 뜻을
깨달은 사람이 아니라, 본 것이 별로 없고 들은 바가 적은
사람에게 이 이야기를 한다는 것은 진실로 어렵다.

> 非好學深思, 心知其意,
> 固難爲淺見寡聞道也.
>
> ― 「오제본기」

━━ 사마천이 중국 고대 전설의 오제(五帝)를 「본기」의 첫머리에
다루며 쓴 논평이다. 역사가의 고민이 그대로 드러나
있다. 비록 신화와 전설일지라도 역사를 바탕으로 해서
만들어졌으며, 농후한 전설적 색채를 걷어 내면 그 안의
인간적 진실이 보인다는 말인데, 깊이 생각할 줄 모르는
사람이라면 그 뜻을 납득하게 만들기가 어렵다는 얘기다.
요즘 말로 아는 만큼 보인다는 말을 시작으로 깊이 사유해
볼 일이다.

멀리
보라

나는 그가 작은 이익을 탐내어 〔큰 뜻을〕 이루지 못할까
염려스럽네. 그래서 〔일부러〕 그를 불러다 모욕을 주어서
그의 뜻을 북돋운 것일세.

吾恐其樂小利而不遂, 故召辱之,

以激其意.

— 「장의열전」

사고와 초탈에 관한 어록

━━ 자신의 냉대에 화가 치밀어 나간 장의(張儀)의 뒷모습을
바라본 소진이 은밀히 사인(舍人)을 불러서 한 말이다.
장의보다 능력이 못하다고 생각한 소진은 뒤에서 장의가
클 수 있게 몰래 도와주었다. 아무리 뛰어난 재능을
지닌 사람이라도 당장의 현실이 괴롭고 아쉬우면 그것을
해결하는 데 빠져들어 앞날을 내다보지 못할 때가 있는
법이다. 그리고 인간은 자신의 그릇을 스스로 냉정하게
평가하기가 쉽지 않다.

그래서 처음 나를 이끌어 주는 이가 누구인지가
중요하다. 장의가 소진을 만난 것처럼 말이다.

대범하라

작은 예절에 얽매인 사람은 영화로운 이름을 이룰 수 없고,
작은 치욕을 마다하는 사람은 큰 공을 세울 수 없다고
합니다.

> 規小節者不能成榮名,
> 惡小恥者不能立大功.
>
> —「노중련·추양열전」

사고와 초탈에 관한 어록

■ 제나라의 요성(聊城)을 함락시키는 공을 세우고도 고국에 돌아가지 못하는 연나라 장군이 있었다. 누군가 그를 시기하여 참소해 왕이 그의 충정을 의심했기 때문이다. 장군은 이러지도 저러지도 못하고 요성에 주저앉아 있었다. 그러자 제나라는 전단(田單)을 보내 요성을 1년 남짓 공격했지만, 수많은 병사들만 희생시켰을 뿐 요성을 함락시키지는 못했다.

그러자 노중련(魯仲連)은 편지를 써서 화살 끝에 매달아 성안으로 쏘아 연나라 장군에게 보냈다. 앞의 인용문은 편지의 한 구절이다. 노중련의 말은 관중의 고사를 따르라는 것이었다.

옛날 관중이 제나라 환공을 활로 쏘아 그의 허리띠의 쇠고리를 맞힌 것은 반역 행위였다. 하지만 그 피해 당사자인 환공은 그를 등용하여 결국 오패(五覇)의 우두머리가 되어 명성을 천하에 드높이고 이웃 나라에까지 빛을 비추게 되었던 것 아니냐는 논지였다.

경솔하면
다스리지
못한다

경솔한 생각으로는 나라를 다스릴 수 없고,
혼자만의 지혜로는 군주의 자리를 보존하지 못한다.

輕慮者不可以治國, 獨智者不可以存君.

— 「몽염열전」

■ 시황제의 손자인 자영(子嬰)이 진나라 2세 황제(호해 胡亥)에게 충고한 말이다. 시황제의 영구가 함양에 이르러 장례를 끝내자, 태자가 즉위하여 2세 황제가 되었다. 조고는 2세를 가까이 모시면서 밤낮으로 몽염(蒙恬)을 헐뜯고 죄와 허물을 들추어내어 탄핵했다. 그러나 2세는 이 말의 의미를 알지 못했고 알려고 하지도 않았다. 그는 이미 조고와 함께 진나라를 몰락의 구렁으로 몰아넣고 있었다. 2세 황제의 경솔함과 조고 한 사람의 농단으로 진나라는 3년도 채 못 되어 망했다.

곤궁하면
스스로를
돌아본다

하늘은 사람의 시작이며, 부모는 사람의 근본이다. 사람이
곤궁해지면 근본을 뒤돌아본다. 그런 까닭에 힘들고
곤궁할 때 하늘을 찾지 않는 자가 없고, 질병과 고통과
참담한 일이 있으면 부모를 찾지 않는 자가 없다. 굴원은
도리를 바르게 행동하고, 충성을 다하고 지혜를 다하여
군주를 섬겼지만, 참소하는 사람의 이간질로 곤궁하게
되었다고 할 수 있다. 신의를 지켰으나 의심을 받고, 충성을
다했으나 비방을 받는다면, 원망하지 않을 수 있겠는가?
굴원이 「이소」를 지은 것은 대개 원망스런 마음에서 나온
것이다.

夫天者, 人之始也; 父母者, 人之本也.
人窮則反本, 故勞苦倦極, 未嘗不呼天也;
疾痛慘怛, 未嘗不呼父母也.
屈平正道直行, 竭忠盡智以事其君,
讒人間之, 可謂窮矣. 信而見疑,

忠而被謗, 能無怨乎? 屈平之作離騷,
蓋自怨生也.

—「굴원·가생열전」

소극적인 성격의 엘리트로 처세에는 능하지 못했던
비운의 정치가 굴원(屈原)이 억울하게 참소를 받아 쫓겨난
후 근심하고 깊이 사색에 잠겨 「이소(離騷)」를 지은 것을
사마천이 평가한 것이다.

굴원은 온 지혜를 다하여 군주를 섬겼다. 하지만 결국
주변의 참소를 받아 벼슬에서 쫓겨났다. 쫓겨난 굴원이
머리를 풀어헤치고 방랑하다가 원망의 마음을 바깥으로
토해 낸 것이 저 유명한 「이소」이다.

그가 작품을 통해 자신이 살아온 나날을 되돌아보고자
한 것은 주변에 대한 원망이 일차적인 것이지만 결국에는
자신에 대한 격정의 토로가 아니겠는가? 어려움을
겪은 뒤에는 행동이 단정해지는 것은 당연한 귀결이다.
사람은 절망을 겪은 후 깊은 사유를 하고 위대한 작품을
탄생시킨다. 어차피 인간의 본성이란 과거의 은의 혹은
온정보다는 원한과 원망을 훨씬 더 뚜렷하게 기억한다.

벗어나야
자유롭다

나는 차라리 더러운 시궁창에서 노닐며 즐길지언정 나라를
가진 제후들에게 얽매이지는 않을 것이오.

我寧游戲汚瀆之中自快, 無爲有國者所羈.

—「노자·한비열전」

■ 초나라 위왕(威王)은 장주가 현명하다는 말을 듣고 사신을
보내 많은 예물을 주고 재상으로 맞아들이려고 했다. 그때
장주가 먼저 한 말은 자신을 희생하는 어리석은 소가 되기
싫다는 것이었다. 여러 해 동안 잘 먹여지다가 화려한
비단옷을 입고 결국 종묘로 끌려 들어가게 되면서 그 생을
마치는 것이 무엇이 부럽냐는 것이다. 그러고는 이 말을
던졌다. 모든 것을 내던지고 세상일에서 벗어나고픈 마음이
꿈틀대는 것은 장주만 그런 것이 아니다.

연꽃은
꺾지
않는다

진흙 속에서 뒹굴다 더럽혀지자 매미가 허물을 벗듯이
씻어 냈고, 먼지 쌓인 속세 밖으로 헤쳐 나와서 세상의
더러움에 물들지 않았다. 그는 〔연꽃처럼〕 깨끗하여 진흙
속에 있으면서도 더럽혀지지 않은 사람이었다.

> 濯淖汚泥之中, 蟬蛻於濁穢,
> 以浮游塵埃之外, 不獲世之滋垢,
> 皭然泥而不滓者也.

— 「굴원·가생열전」

━━ 굴원의 인물됨을 평한 말이다. 초나라 때의 정치가
굴원은 학식이 뛰어나 왕의 신임을 받고 중책을 맡았지만,
정적들과 충돌하여 중상모략을 당함으로써 왕의 곁에서
멀어졌다. 너무 고결하면 받아 주는 사람이 드문 법.
사람은 때론 진흙도 묻혀 가며 살아야 한다는 것이
춘추전국시대의 불문율이었다. 고독한 자의 비애다. 처세는
그래서 어려운 것이다.

　　굴원은 "그 뜻이 고결하므로 비유로 든 사물들마다
향기를 뿜어내고, 그 행동이 청렴하므로 죽을 때까지
받아들여지지 않았다."고 사마천은 덧붙이고 있다.

고고한 삶은
주변을
돌아보지 못한다

새로 머리를 감은 사람은 반드시 관의 먼지를 털어서 쓰고,
새로 목욕을 한 사람은 반드시 옷의 티끌을 털어서 입는다.

新沐者必彈冠, 新浴者必振衣.

—「굴원·가생열전」

굴원이 간언하다가 자리에서 쫓겨나 강호를 떠돌 때
어부를 만나 대화하는 가운데 나온 말이다.

스스로의 자리가 있는 법. 내가 스스로 깨끗하면
주변 사람들도 깨끗하기를 바라는 것이 인지상정인 것은
이해하지만, 이는 굴원이 이른바 자신만의 공간 혹은
의식에 사로잡혀 주변을 성찰하는 사고가 결여된 것은
아닌가 하는 의심도 들게 만든다.

세상의 혼탁을 마다하고 고고한 삶을 고집한 굴원은
결국 강물에 뛰어들어 물고기의 밥이 된다. 사마천은
불우했던 굴원을 깊이 동정하며, 그의 작품을 '원(怨)'과
'분(憤)'이 삭혀진 결과물이라고 보았다.

속세를
벗어나라

나 같은 사람들은 이른바 조정 안에서 속세를 피하고 있는 것이오. 옛날 사람들은 깊은 산속에서 속세를 피했었소.

> 如朔等, 所謂避世於朝廷閒者也. 古之人,
> 乃避世於深山中.
>
> —「골계열전」

사고와 초탈에 관한 어록

━━ 동방삭이 궁궐을 거닐고 있을 때 어떤 낭관이 그에게 "사람들은 모두 선생을 미치광이라고 합니다."라고 하자 동방삭이 대꾸한 것이다.

동방삭은 본래 제나라 출신으로 책을 좋아하고 경술을 사랑하였으며 경사(經史) 이외의 전기나 잡설 등도 두루 읽었으며 유머 감각이 탁월한 풍자였다.

그는 자주 어전으로 불려 나가 황제의 말 상대가 되었는데, 그때마다 황제는 기뻐하지 않은 적이 없었을 정도로 언변이 좋았다. 그러나 분명 그는 괴짜였다. 가끔 조서를 내려 동방삭에게 어전에서 식사를 하게 했는데, 식사가 끝나면 먹다 남은 고기를 모조리 품속에 넣어 가지고 나왔으므로 옷이 모두 더러워지곤 했다. 황제가 자주 비단을 내려 주면 어깨에 메고 물러갔다. 그는 하사받은 돈과 비단을 헛되이 써서 장안의 미녀들 가운데 젊은 여자를 아내로 맞았다. 아내를 얻은 지 1년쯤 되면 그 여자를 버리고 다시 다른 여자를 맞이했다. 하사받은 돈과 재물을 모두 여자들에게 써 버렸다. 황제의 좌우에 있던 낭관의 절반쯤은 그를 미치광이로 취급했던 것이다.

이런 그의 행적과 "궁중에 숨어 지낸다."는 그의 말을 함께 놓고 저울질하며 동박삭이 부린 진정한 여유가 무엇일지를 생각해 보는 것도 의미가 있다.

귀 밝고
눈도 밝아라

널리 은덕을 베풀어 남을 이롭게 했지 자신의 이익을
도모하지 않았으며, 귀가 밝아 먼 곳의 일까지도 잘
알았고, 눈이 밝아 자잘한 일들도 잘 관찰하였다.

> 普施利物, 不於其身.
> 聰以知遠, 明以察微.
>
> ─ 「오제본기」

━━ 제곡 고신(高辛)의 인물됨에 관한 말이다. 공평함과 은덕 그리고 인자함과 신의, 은혜로움이 모든 이의 추대를 받았다. 신화 전설상의 인물이든 어떤 유형의 인물이든 간에 인품은 매우 주요한 덕목이었다. 신화 속의 성왕들은 이런 모습이었는데, 그것은 곧 신화에서 인간의 세계로 들어서기 위한 첫 번째 관문이 바로 인품이라는 것이다. 오제(五帝)란 중국 고대의 전설에 나오는 다섯 명의 제왕이다. 황제(黃帝), 전욱(顓頊, 고양), 제곡(帝嚳, 고신), 요(堯), 순(舜)이 그들이다.

『사기』의 방대한 세계는 「오제본기」에서 시작된다. 아주 오래된 이야기이기에 사료의 제한으로 말미암아 사마천은 농후한 전설적 색채를 가지고 역사의 저편으로 사라질 듯한 인물들을 깊이 있는 시선으로 바라보고 있다. 오제로 대변되는 중국 역사의 시조들은 한결같이 어떤 이유로든 성왕의 지위가 계속 이어져 내려가게 하는 힘을 지니고 있었다.

신중하고
삼가라

신중하게 제위에 계시면서 당신의 거동을 편안히 하며
덕행 있는 신하로 보필하게 하면 천하가 〔제왕의 뜻에〕
크게 호응할 것입니다. 맑은 뜻으로 하늘의 명을 밝혀
받아들이면 하늘이 거듭 복을 내리실 것입니다.

愼乃在位, 安爾止. 輔德, 天下大應.
淸意以昭待上帝命, 天其重命用休.
— 「하본기」

명철에 관한 어록

━━ 우임금이 순임금에게 한 말이다. 이 말을 듣고 순임금은
"(충성스런) 신하는 나의 다리요, 팔이요, 귀요, 눈과 같은
존재로다. 나는 백성을 돕고자 하니 그대들이 나를
도와주시오."라고 했다.

성왕이 다스리는 시대의 군신 관계는 협력하는 상호
보완의 관계로서 하나는 윗사람이 되고 그 나머지는
아랫사람이 되는 위계질서만의 것이 아니었다.

나의
허물을
보라

(눈동자는) 미세한 털은 볼 수 있어도, 자신의 속눈썹은 보지
못하는 법입니다.

見豪毛而不見其睫也.

—「월왕구천세가」

명철에 관한 어록

━━ 충성과 믿음의 본보기를 보여 준 신하 범려가 월왕
구천에게 한 말이다.

오나라 왕 합려가 월나라 왕에 의해 죽임을 당하면서
아들 부차에게 결코 "월나라를 잊지 말라."고 유언했다.
부차가 자신에게 복수하려 한다는 점을 알고 있었던
구천은 왕위에 오른 지 3년 만에 오나라가 군대를
일으키기 전에 선수를 쳐서 토벌하고자 했다. 이를
반대하며 범려가 이렇게 말한 것이다.

사람은 가까운 자신의 허물은 못 보고 항상 멀리 있는
남의 허물을 보려 한다. 또 자신이 아픈 것은 잘 알면서도
남이 아픈 것은 역시 잘 모른다. 허물은 바로 자신의 몸에
있지만 멀리 있다고 생각하고, 자신이 꼬집은 살이지만 그
아픔을 능히 느낀다. 이것은 예나 지금이나 마찬가지다.

이치에
통달하면
얻기 쉽다

현명한 군주는 밖으로는 적의 강함과 약함을 헤아리고,
안으로는 병사의 자질이 뛰어난지 모자란지를 헤아려, 두
군대가 서로 싸울 때 이기고 지는 것과 죽고 사는 관건은,
진실로 이미 가슴속에 있게 된다.

> 明主外料其敵之彊弱, 內度其士卒賢不肖,
> 兩軍相當而勝敗存亡之機,
> 固已形於胸中矣.
>
> ― 「소진열전」

━━ 유세가 소진이 조나라 숙후(肅侯)를 찾아가 합종의
당위성을 언급하면서 한 말이다. 소진이 보기에 요임금은
300이랑의 땅도 없었고, 순임금은 손바닥만큼의 땅조차
없었지만 천하를 소유했으며, 우임금은 100명이 모여 사는
마을도 없었지만 제후들의 왕이 되었고, 탕왕과 무왕의
선비는 3000명에 지나지 않았고 수레는 300대를 넘지
않았으며 병사는 겨우 3만 명이었지만 천자가 되었던
것은 분명 이들이 천하를 얻는 이치를 분명하게 알았기
때문이라고 보았던 것이다.

소리 없는
소리를
들어라

귀가 밝은 사람은 소리 없는 소리를 듣고,
눈이 밝은 사람은 형상이 없는 형상을 본다.

聽者聽於無聲, 明者見於未形.

— 「회남·형산열전」

오피(伍被)라는 자가 한나라 회남왕에게 강력하게 간언한 말 중에 나온다. 회남왕은 이 당시 밤낮으로 오피·좌오(左吳) 등과 여지도(輿地圖; 전국 지도)를 들여다보면서 한나라에 군대를 투입할 장소를 물색하는 등 반란의 음모를 논의했다. 오피는 회남왕에게 명분 없는 전쟁으로 나라를 망칠 생각을 하지 말라고 했다. 화가 난 회남왕이 오피의 부모를 석 달간이나 가두면서 다시 의견을 물었지만 대답은 단호한 반대였다.

오피가 내세운 이유는 이렇다. 주(周) 문왕(文王)이 군대를 움직이자 천하가 그를 따른 것은 바로 민심을 얻었기 때문이며 국가의 존망 여부는 선왕의 도를 잘 행하고 백성들의 뜻을 잘 살피는가에 달려 있다고 했다. 회남왕에게 민심을 읽는 눈이 없다는 지적이다. 또한 민심은 귀를 크게 열지 않으면 들을 수 없는 무성무음의 것이라는 지적도 숨어 있다. 오피는 자신에게 죽음을 명하면 기꺼이 죽겠노라고 했다.

그러자 회남왕은 가슴이 답답하고 울적해져 눈물을 떨구었다. 오피는 곧바로 일어나 계단을 한 걸음씩 밟고 물러갔다.

현재를
보지 말고
미래를 보라

말을 감정할 때에는 여윈 것 때문에 실수하고,
선비를 감정할 때에는 가난 때문에 잘못 본다.

相馬失之瘦, 相士失之貧.

—「골계열전」

제나라에 동곽(東郭) 선생이 있었다. 그는 너무나 오랫동안 굶주리고 추위에 떨었다. 의복은 다 떨어지고 신발은 윗부분만 있고 바닥이 없어 눈길을 걸으면 눈이 발바닥에 직접 닿을 정도였다. 사람들은 그를 무시했다. 그러나 황제가 조서를 내려 그를 도위에 임명했으니 시간이 흘러 2000석을 받는 관리가 되자 사람들이 앞다투어 그 앞에 모여들었다. 사마천은 "그가 빈곤했을 때는 사람들이 거들떠보지도 않더니, 존귀해지자 앞을 다투어 돌아와 따랐다."고 하면서 세태의 야속함을 비판하고 있다.

그러나 어쩌랴? 세상이 원래 그런 것을.

나쁜 것을 버려야 좋은 것으로 나아간다

하늘은 오색을 나타내어 흑백을 분간하고, 땅은 오곡을 낳아 선악을 압니다. 〔그러나〕 인간은 분간할 수 있는 지혜가 없어 짐승과 서로 같아서 골짜기나 동굴에서 살며 농사지을 줄도 모릅니다. 천하에 재난이 일어나고 음양이 서로 뒤섞이자 다급하고 총망해하며 〔남녀가〕 통하였으나 서로 선택하지는 않았습니다.

> 天出五色, 以辨白黑. 地生五穀,
> 以知善惡. 人民莫知辨也, 與禽獸相若.
> 谷居而穴處, 不知田作. 天下禍亂,
> 陰陽相錯. 恩恩疾疾, 通而不相擇.
>
> —「귀책열전」

명철에 관한 어록

━━ 박사 위평(衛平)이란 사람이 점술에 몰입하여 나랏일을
처리한 송나라 원왕(元王)에게 대답한 말 가운데 나온다.
"오곡을 낳아 선악을 안다."는 말을 풀어 보면, 곡식이 다섯
가지로 구분되는 것은 계절에 따라, 끼니에 따라, 남녀와
신분에 따라 먹어야 할 음식이 달랐기 때문이 아니겠는가.
이것은 오늘날의 시각에서 보면 계급을 합리화하는 논리로
보일 수도 있지만, 먹는 것이 구분되는 것은 인간이 사회를
이루는 한 불가피한 것이기도 하다. 따라서 여기서의
자연은 사회 속의 자연인 셈이다.

겸허하고
굴욕을
견뎌라

충만함을 지속하려면 하늘과 더불어 가야 하고,
넘어지려는 것을 안정시키고자 하면 사람과 함께해야 하며,
사리를 절제하고자 하면 땅의 이치로 해야 합니다.
말을 낮추고 예물을 두둑하게 해서 그에게 보내십시오.

持滿者與天, 定傾者與人, 節事者以地.
卑辭厚禮以遺之.

—「월왕구천세가」

━━ 범려의 간언을 듣지 않고 군사를 일으킨 구천은 정예
병사를 모두 동원한 오나라 군대에게 부초산(夫椒山)에서
패했다. 구천은 남은 병사 5000명을 후퇴시켜
회계산(會稽山)을 지키게 했는데, 부차는 추격하여 그들을
포위하면서 그의 숨통을 죄어 오고 있었다. 이때 범려가 한
말이다.

결국 구천은 용서를 빌어 오왕의 신하가 되었고 그 후
회계산의 치욕을 씻기 위해 쓸개를 핥으면서 복수를 노려
결국 22년 만에 부차를 무찌르고 자결하게 만들었다.

스스로를
낮추라

스스로 [자신을] 낮추면 높아진다.

　　　　自卑也尙矣.

                                            ―「상군열전」

■ 이 말처럼 모든 시대의 모든 사람에게 통하는 진리가 있을까? 상군(商君)이 진나라 재상이 된 지 10년이 흘렀는데 그 사이 군주의 종실이나 외척 중에는 그를 원망하는 자들이 많아졌다. 그러자 순임금의 겸양지덕을 언급한 조량(趙良)의 말이다. 조량은 "돌이켜 자기 마음속의 말에 귀 기울이는 것을 총(聰)이라 하고, 마음속으로 성찰할 수 있는 것을 명(明)이라고 하며, 자신을 이기는 것을 강(彊)이라고 합니다. 〔反聽之謂聰, 內視之謂明, 自勝之謂彊〕"라고 덧붙였지만 상군은 그의 충고를 듣지 않아 몰락을 재촉했다.

사람을
거울로
삼아라

물을 거울로 삼는 자는 얼굴 모습을 볼 수 있고,
사람을 거울로 삼는 자는 길흉을 알 수 있다고 합니다.

鑒於水者見面之容, 鑒於人者知吉與凶.

—「범저·채택열전」

━━ 채택(蔡澤)이 범저(范雎)에게 한 말 중에 나온다. 화를 입지 않는 방법은 끊임없이 역사 속 인간 군상들에게 자신을 비춰 보는 것뿐이다. 채택은 "높이 올라간 용에게는 뉘우칠 날이 있다."는 『역경』의 말을 인용하면서 "오르기만 하고 내려갈 줄 모르며, 펴기만 하고 굽힐 줄 모르며, 가기만 하고 돌아올 줄 모르는 자"들에 대해 잘 생각하시기 바란다고 말했다. 범저는 전적인 동의를 표하면서 채택을 저택 안으로 맞아들여 상객으로 대우했다.

여우 한 마리
겨드랑이 털로
갖옷을
만들겠는가

천금의 갖옷은 여우 한 마리의 겨드랑이 털만으로
만들어진 것이 아니고, 높은 누대의 서까래는 한 그루의
나뭇가지만으로 만들어진 것이 아니며, 〔하·은·주〕 삼대의
성대함은 선비 한 명의 지혜로 이루어진 것이 아니다.

千金之裘, 非一狐之腋也; 臺榭之榱,
非一木之枝也; 三代之際, 非一士之智也.

— 「유경·숙손통열전」

■ 사마천의 논평이다.

유경(劉慶)과 숙손통(叔孫通)은 한나라 건국 초기에
유방을 도와 시국을 안정시키고, 제도를 만들고, 정권을
튼튼히 하는 데 큰 공헌을 한 인물들이다.

고조는 천하를 평정하자 처음에 낙양에 도읍을 정하여
주나라 왕실과 융성함을 다투고자 했다. 그러나 유경은
주나라는 이미 덕화(德化)로 성공했고, 한나라는 패도로써
천하를 얻었으니 결코 주나라에 비유해서는 안 된다고
강력하게 간언했다.

고조는 열 차례나 흉노에 사신을 보내 흉노를 칠 수
있는지 알아보았는데, 유경만이 불가능한 일이라면서 화친
정책을 펼 것을 주장하자 그를 광무(廣武)에 유배시키기도
했다. 그러나 고조가 흉노를 쳤을 때 결국 평성(平城)에서
곤경에 처해 유경의 말이 그릇되지 않았음을 않았다.

숙손통은 도가의 지혜와 능력을 갖춰 말과 용모를
살피기에 뛰어났고 세상 돌아가는 이치에 밝았다. 진나라
때는 항우를 따랐으며, 항우가 실패한 뒤에는 유방에게
투항했다. 그러나 제왕에게 신임을 얻게 된 이후에는
강직한 말로써 군왕의 허물을 바로잡았으니, 마치 이윤이
요리사로서 맛에 비유해 가며 탕왕을 깨우친 것과
유사하다.

세상은 어느 한 사람의 힘에 의해 이루어지지 않는다는
원칙은 여전히 통용되는 불변의 진리다.

세상에
고수는
많다

새가 잘 난다는 것을 나는 알고, 물고기가 헤엄을 잘
친다는 것을 나는 알며, 짐승이 잘 달린다는 것을 나는
안다. 달리는 짐승은 그물을 쳐서 잡을 수 있고, 헤엄치는
물고기는 낚시를 드리워 낚을 수 있고, 날아다니는 새는
화살을 쏘아 잡을 수 있다. 〔그러나〕 용에 이르러서는
어떻게 바람과 구름을 타고 하늘 위로 올라가는지 나는
알 수 없다. 나는 오늘 노자를 만났는데, 마치 용과 같은
존재였다.

鳥,吾知其能飛; 魚,吾知其能游;
獸,吾知其能走. 走者可以爲罔,
游者可以爲綸, 飛者可以爲矰.
至於龍吾不能知, 其乘風雲而上天.
吾今日見老子, 其猶龍邪.

— 「노자·한비열전」

━━ 공자가 노자를 만나고 와서 제자들에게 해 준 말이다.
노자의 꾸지람을 들은 공자는 그가 마치 용과 같이
변화무쌍한 존재임을 알았다. 여기서 새와 물고기와
짐승은 현세적인 가치를 말하고, 노자를 비유한 용은
형이상학적인 도를 말한다. 공자는 제자들에게 아직
자신이 노자의 경지에 이르지 못했음을 겸허히 인정함과
동시에, 현세적 질서와 예절을 중시하는 유가의 삶과
도통하는 도가의 삶을 담담하게 대비해서 들려줌으로써
제자들이 스스로 숙고할 수 있게 했다.

　이런 노자의 마음을 담고 있는 『노자』라는 책은 시처럼,
잠언처럼 들려주는 81편의 짤막한 글 속에 도(道)의 길,
진리의 길이 담겨 있다. 또한 물질문명에 대한 지나친
믿음을 갖고 사는 현대인에게 마음을 비우고 조용히
자신의 삶을 돌아보게 한다.

공이
높은 만큼
몸을 낮추라

후세가 어질면 나의 검소함을 스승으로 삼을 것이고,
어질지 못해도 권세 있는 가문에 의해 빼앗기지는
말지어다.

後世賢, 師吾儉; 不賢, 毋爲勢家所奪.

— 「소상국세가」

■ 한고조의 일등 공신 소하가 한 말이다. 그는 검소해서 밭과 집을 살 때 반드시 외딴 곳에 마련했고, 집을 지을 때에도 담장을 치지 않았다. 혜제 2년(기원전 193), 상국 소하는 죽었다. 그러나 그의 당부에도 불구하고 후손들은 죄를 지어 제후의 봉호를 잃은 것이 4대나 되었고, 매번 계승할 사람이 끊어질 정도였다. 그러나 천자는 매번 소하의 후손을 다시 찾아 계속 찬후(酇侯)로 봉했는데, 소하의 공적이 그만큼 월등했던 탓이다. 하지만 공적만으로 이렇게 극진했을까? 공이 높은 만큼 그 몸은 스스로 낮았기 때문이다.

100리를
가는 자에게는
90리가 절반

시작이 없는 것은 없으나 끝이 좋기란 드문 일입니다.

靡不有初, 鮮克有終.

—「춘신군열전」

의지와 소신에 관한 어록

■ 진나라가 한번 병사를 일으키면 초나라가 두려움에 떨 수밖에 없었다. 전국시대 사공자(四公子)*의 한 사람으로 변설에 뛰어난 재능을 보였던 춘신군(春申君) 황헐(黃歇)이 이를 두려워하여 진나라 소왕을 달래면서 한 말 가운데 『시경』을 인용하며 한 말이다.

그는 국력이 쇠미해져 가던 경양왕(頃襄王) 대에 진나라 소왕을 설득시켜 곤경에 빠진 초나라를 도와주도록 했다. 뒤에는 진나라에 볼모로 갔다가 자신의 생명을 담보로 태자를 귀국시킴으로써 초나라의 대통을 잇게 하였는데, 이 태자가 바로 초나라 고열왕(考烈王)이다. 춘신군은 20여 년 동안 재상 자리에 있으면서 합종책을 추진해 진나라에 맞서는가 하면 노나라를 멸망시켜 초나라를 다시 한번 일으켜 세웠다. 그렇지만 말년에는 권세와 부귀를 지키려다 이원의 간사한 음모에 걸려 살해되는 비참한 최후를 맞게 된다. 그러므로 100리를 가는 자에게는 90리가 절반인 셈이다.

---

* 조(趙)나라의 평원군(平原君), 제나라의 맹상군(孟嘗君), 초나라의 춘신군(春信君), 위(魏)나라의 신릉군(信陵君) 등은 전국 4공자로 모두 명철 충신이며, 후덕하고 선비들을 사랑해서 키운 현자(賢者)였다.

비단도
뚫지 못하는
쇠뇌

강력한 쇠뇌도 끝에 가서는 〔아주 얇은〕 노나라의
비단조차도 뚫을 수 없고, 회오리바람도 그 마지막 힘은
〔가벼운〕 기러기 깃털조차 움직일 수 없습니다. 처음부터
강력하지 않은 것이 아니라 끝에 가서 힘이 쇠약해지기
때문입니다.

> 彊弩之極, 矢不能穿魯縞;衝風之末,
> 力不能漂鴻毛. 非初不勁, 末力衰也.
>
> —「한장유열전」

━━ 한 무제 때(기원전 135) 흉노가 화친을 청해 왔을 때
한나라의 강경파와 온건파 사이에 논의가 분분했다. 이때
어사대부였던 한장유(韓長孺)가 화친을 거부하는 강경파
왕회(王恢)에게 반박하면서 한 말이다. 한때 왕회는 흉노에
출정했다가 별 소득도 없이 철수한 경력이 있었다. 결국
온건파의 뜻에 따라 황제는 화친을 맺었다.

한장유는 재물 욕심이 많았고, 일찍이 전분에게 뇌물을
주어 관직을 옮기기도 했으나, 한편으로는 자기보다
현명하고 청렴한 인사들을 추천하는 훌륭한 인사 정책을
펼쳤다. 어찌 보면 봉건주의 사회에서 범려나 장량 같은
청빈하고 고결한 선비만을 기대하는 것이 무리일지
모른다. 한 무제는 한장유의 재능과 지략이 출중해 나라를
다스리는 승상으로 삼으려 했으나, 공교롭게도 수레에서
떨어져 다리를 저는 것을 보고 그만두었다. 한장유는 그 후
지위도 낮아지고 황제와 소원해져 우울한 여생을 보내다
죽었다.

이익보다
약속이
먼저

작은 이익을 탐하는 것으로써 스스로 만족하신다면,
제후들의 신뢰를 잃고 천하의 지지를 잃을 것입니다.

夫貪小利以自快, 棄信於諸侯,
失天下之援.

— 「자객열전」

의지와 소신에 관한 어록

— 관중(管仲)이 욕심 많은 제나라 환공에게 한 말이다. 환공이 노나라로부터 빼앗은 땅을 돌려주겠다고 했다가 자신을 위협한 노나라 장수 조말(曹沫) 때문에 번복하려 하자, 그런 식의 대응은 소탐대실이라고 하면서 결국 약속대로 하는 것이 좋다고 조언한 것이다. 관중은 높은 자리일수록 계포일낙(季布一諾)*의 태도가 중요하다고 환기시켰다. 관중은 40여 년 동안 재상 자리에 있으면서 정치·경제·군사 등 모든 방면에서 대대적인 개혁을 단행해 제 환공을 춘추시대 첫 패주로 만들었고 군사(軍師)로 칭송됐다.

그러나 공자에 의해 소인으로 폄하된 관중은 관경중(管敬中)이라고도 불린다. 출신이 보잘것없었던 그가 재능을 펼치고 제나라의 뛰어난 재상이 된 것은 전적으로 포숙의 추천 때문이었다. 또한 사마천도 관중의 뛰어난 재능보다 사람을 알아보는 포숙의 능력을 더 부각시킨다.

* 계포가 승낙한 한마디의 말. 일단 약속을 한 이상 꼭 지킨다는 말이다.

어려운
때일수록
정도를 걷다

군자는 곤궁함을 지키지만 소인은 곤궁해지면
곧 넘치게 된다.

君子固窮, 小人窮斯濫矣.

— 「공자세가」

━━ 공자에게도 어려운 시절이 있었다. 공자가 조(曹)나라를
떠나 송(宋)나라에 도착해 큰 나무 아래에서 예에
대해 강의하고 있을 때였다. 갑자기 나타난 송나라의
사마환퇴(司馬桓魋)가 공자를 위협하면서 나무를 뽑아
버리는 등 행패를 부렸다. 제자들이 서둘러 떠날 것을
재촉하자, 공자는 하늘이 자신에게 덕을 이을 사명을
주셨는데 환퇴가 나를 어찌하겠냐고 되물었다.

　　그러나 공자는 그곳을 떠날 수밖에 없었다. 공자는 가는
곳마다 일이 제대로 안 풀렸다. 그가 하는 말은 아무런
메아리 없이 허공 속에 사라졌다. 성미 급한 자로(子路)가
"군자도 이처럼 곤궁할 때가 있습니까?"라고 물었다.
그러자 공자가 이와 같이 답변했다. 군자란 뜻대로 되지
않는다고 자신의 길을 벗어나지 않으며 어려운 때일수록
정도를 걷는다. 늘 일정하기에 평정심을 유지하고 고요한
내면에서 깊은 사유가 우러나온다. 날뛰다가 수그러들기를
반복하는 삶과는 차원이 다른 것이다.

큰일을 위해
사소한 것을 버려야

큰일을 하는 사람은 사소한 일에 신경을 쓰지 않으며,
덕이 높은 사람은 다른 사람의 비난을 사양하지 않습니다.

擧大事不細謹, 盛德不辭讓.

—「역생·육가열전」

━━ 한나라가 연나라와 조나라를 막 평정했지만, 제나라는 아직 항복하지 않고 있었다. 전씨 일족의 세력은 아직 강하고, 바다를 등지고 황하와 제수(濟水)를 앞에 두고 있으며, 남쪽으로는 초나라에 가깝고 사람들은 권모술수에 뛰어나 한나라가 쉽사리 건드릴 수 없는 막강한 힘이 있었다. 그래서 역생이 조서를 받들고 제나라를 찾아갔다. 제나라에 도착한 역생이 제왕 전광에게 천하의 민심이 한나라로 돌아간다면서 서둘러 항복하면 나라를 보존할 수 있을 것이라고 했다. 결국 전광은 역생의 말을 따라 병사들을 거둬들이고 역생과 흔쾌히 술을 마셨다.

그런데 한신이 이 소식을 듣고 밤을 틈타 제나라 군대를 습격했다. 난데없는 기습에 전광은 역생이 자신을 농락했다며 한나라 군대가 물러나지 않으면 삶아 죽이겠다고 위협했다. 이 인용문은 이 위협에 대한 역생의 대답이다. 자신의 죽음을 사소한 것이라고 했으니 전광이 얼마나 기가 차고 놀랐을까. 말이 끝난 후 역생은 곧바로 끌려가서 죽었다. 자신의 목숨을 한나라 군대가 국경을 건너는 다리로 놓은 말 치고는 너무 점잖고 심지어 정적으로 보인다. 우리가 흔히 쓰는 말이 얼마나 극적인 역사적 맥락이 있는지 이 사례를 통해 잘 알 수 있다.

옷을 갈아입지 않는 이유

신은 비단옷을 입고 있으면 비단옷 차림으로 〔황상을〕 뵐
것이고, 베옷을 입고 있으면 베옷 차림으로 뵐 것입니다.
끝까지 옷을 갈아입지 않겠습니다.

> 臣衣帛, 衣帛見; 衣褐,
> 衣褐見; 終不敢易衣.

—「유경·숙손통열전」

의지와 소신에 관한 어록

■ 유경은 제나라 출신으로 한나라가 천하를 통일하자
한나라 백성이 되었다. 그는 양가죽 옷을 입은 채
낙양을 지나다가 한고조가 그곳에 와 있다는 말을 듣고
한 말씀 올리기 위해 알현하기를 청했다. 제나라 출신
우장군(虞將軍)이 난색을 표하며 옷을 갈아입히려 했을 때
그가 거부하면서 소신을 피력한 것이다.

절대자에 대한 이 정도의 패기와 용기라면 왜 그가
내침을 당하지 않고 예우를 받았는지 알 수 있다.
한고조에게 도읍의 철학을 개진해서 설복시킨 그는
결국 누경(婁敬)이란 본명 대신 유씨(劉氏) 성을 하사받고
한나라의 기초를 닦는 중신이 되었다.

신발은
왜 발에
신는가

관은 해져도 반드시 머리에 쓰고 신발은 새것이라도
반드시 발에 신습니다. 무엇 때문이겠습니까?
위아래의 구분이 있기 때문입니다.

冠雖敝, 必加於首;履雖新, 必關於足.
何者, 上下之分也.

— 「유림열전」

의지와 소신에 관한 어록

━━ 한나라 경제(景帝) 때 청하왕(淸河王)의 태부인 황생(黃生)이
『시경』 전문가인 원고생(轅固生)과 논쟁하던 중에 날린
말이다.

탕왕이 걸왕을 죽이고 왕위에 오른 것과, 주나라
무(武)왕이 은나라 주(紂)왕을 토벌해 폭정을 종식시킨
것을 어떻게 볼 것인지는 유학자들에게 늘 논란거리였다.
그날도 이 문제로 싸움이 붙었다. 원고생은 유교 본래의
덕치주의와 맹자의 '혁명론' 입장에 서서 당연한
처사였다고 옹호했다. 그러나 황생은 전국시대 순자에게서
비롯돼 당시에 이미 유교의 주류가 되어 가고 있던
명분론, 즉 지배자의 절대적 권위를 인정하는 이론을
방패로 삼아 그것을 비판한다. 걸왕과 주왕이 정도를 잃고
정치를 잘못하면 신하된 자로서 잘못을 고쳐 주고 존중해
주면서 군주를 인정했어야 한다는 것이다. 지켜보던
경제로서는 어느 쪽에 가담할 수도 없어 팽팽한 채로
논쟁을 중지시켰다. 하지만 경제로서는 드러내지는 못했다
하더라도 당연히 황생의 입장에 서지 않았겠는가?

이 이후로 학자들 사이에 천명과 시해에 대해 밝히려는
자가 없었다. 혁명을 입에 담는 유자(儒者)는 더더욱 없었다.

분을 떨치고
일어나
위대해지다

〔한고조는〕 분을 떨치고 일어나 천하의 영웅이 되었으니 비록 땅은 없어도 어찌 왕이라 할 수 없겠는가? 이는 곧 전해 내려오는 위대한 성인 아니겠는가? 또한 어찌 하늘의 뜻이 아닌가!

　　　憤發其所爲天下雄, 安在無土不王.
　　　此乃傳之所謂大聖乎? 豈非天哉!

　　　　　　　　　　　　　　　—「진초지제월표」

사마천이 불세출의 영웅이자 아쉬운 패배자인 항우와 천하의 패권을 다퉈 승리한 고조를 총평하여 극찬한 말이다. 그가 아무 기반도 없이 일어나 천하를 차지한 것은 오로지 발분 노력하여 얻은 결과이지만, 그것은 또한 하늘의 도움이 아니고서는 거의 불가능한 일이었음을 밝히고 있다. 유방은 건달 출신으로 들풀처럼 자라 위기에 강했지만, 항우는 왕족 출신이라 결국 온실 속의 화초로서 스스로를 제어하지 못해 무너졌다.

물론 고조 유방은 선봉에 서서 상대를 제압하는 남성적인 기질이나 힘은 결여되어 있다. 그는 심지어 장량, 소하, 한신 등 개국 공신을 한자리에 불러놓고 "나보다 상대가 더 낫다."면서 자신은 훌륭한 인물을 잘 썼을 뿐이라고 했다. 최후의 승자다운 말이다.

그러나 사마천은 역사적 패배자요 실패한 리더십의 전형을 보여 주는 항우에 대해서도 「고조본기」 바로 다음에 편입시키는 모험을 감행하고 있다. 그가 진나라를 멸망시킨 공적을 높이 평가했기 때문이다. 또한 그가 진나라에서 초나라로 이어지는 시기의 실질적인 통치 지위를 갖고 있었음을 확신했기 때문이다. 아울러 사마천 자신 역시 발분의 정신으로 중국의 대서사인 『사기』를 완성하지 않았던가? 사마천과 유방, 둘 사이에는 무에서 유를 창조한 공통점이 있었던 것이다.

그믐 속에서
자신을 기른다

너는 회계산에서의 치욕을 잊었는가?

女忘會稽之恥邪?

—「월왕구천세가」

발분에 관한 어록

— 월왕 구천(句踐)이 스스로에게 다짐한 말이다. 회계산의 싸움에서 처절한 패배를 당한 구천을 오왕 부차(夫差)는 살려 주었다. 부차는 오자서(伍子胥)가 "지금 때를 맞추어 그를 제거하지 않고 그냥 놓아 두면 나중에는 더욱 처리하기 어렵지 않겠습니까? 더욱이 구천은 사람됨이 능히 곤란을 잘 견뎌내니 지금 그를 제거하지 않으면 후에 반드시 후회할 것입니다."라고 간언했지만 듣지 않고 구천을 사면했다. 오자서의 예상대로 구천은 조국 월나라로 돌아가서 와신상담(臥薪嘗膽)한다. 즉, 자리 옆에 쓰디쓴 쓸개를 매달아 놓고, 앉아 있거나 누워 있거나 이를 쳐다보며, 음식을 먹을 때도 밥 한 숟갈에 이것을 핥곤 했다. 스스로 밭을 갈고, 부인은 길쌈을 하며, 음식으로는 고기를 먹지 않았으며, 의복은 이중으로 된 옷을 입지 않았다. 자세를 낮추어 어진 이를 공경하고, 손님을 후하게 접대하며, 가난한 사람을 돕고 죽은 자를 애도하며 백성과 함께 수고를 같이했다.

그는 이렇게 도광양회(韜光養晦)*하면서 때를 보고 있었던 것이다. 처절한 복수가 이렇게 준비되고 있다는 것을 오자서는 알았지만 부차는 몰랐다.

* 　빛을 감추고 그믐 속에서 자신을 기른다는 뜻

모욕을
주어
일어서게 하다

자네같이 재능을 가진 자가 이처럼 어렵고 부끄러운
처지가 되었는가? 내 어찌 자네를 왕에게 추천하여
부귀하게 만들 수 없겠나? 〔그러나〕 자네는 거두어서
쓸 만한 인물이 아니네.

以子之材能, 乃自令困辱至此.
吾寧不能言而富貴子? 子不足收也.

— 「장의열전」

소진은 자신을 찾아온 친구 장의를 며칠 동안 대문 밖에서
기다리게 했다. 겨우 만나게 되자 장의에게 마루 아래
앉게 하고, 하인이나 첩이 먹는 형편없는 음식을 내주며
이렇게 말한 것이다. 출세한 옛 친구가 던진 폐부를 찌르는
이 비수 같은 모욕은 훗날 장의가 당대 최고의 책사로
활동하는 밑거름이 된다.

상대의 자존심을 여지없이 뭉개어 스스로 발분하게
하는 것도 '도움의 기술'이다. 칭찬과 모욕 중 어느 것이
더 효과적인지는 결과가 말해 줄 뿐이다. 그러나 사실상
소진은 은밀하게 장의를 도와 뒤를 봐주었다. 나중에
장의는 소진의 마음을 알게 되어 "소군이 살아 있는 한
내가 무슨 말을 할 수 있으며, 소군이 있는 한 내가 감히
무엇을 할 수 있겠소."라는 말을 소진에게 전하고 조나라를
떠났다.

치욕이라는
왕관

선비에게는 역시 우연히 때를 만나는 경우가 있다. 이 두
사람[범저와 채택] 못지않은 재능을 가지고도 그 뜻을
이루지 못한 사람을 어찌 이루 다 말할 수 있겠는가?
그러나 이 두 사람도 어려운 때가 없었다면, 어찌 떨치고
일어날 수 있었겠는가?

> 士亦有偶合, 賢者多如此二子, 不得盡意,
> 豈可勝道哉! 然二子不困戹, 惡能激乎?
>
> —「범저·채택열전」

━━ 범저와 채택이 어려움을 딛고 일어선 것을 두고 사마천이
총평한 말이다.

　범저는 일찍이 유세술로 자신의 기반을 닦던 중 모시던
위나라의 중대부 수고(須賈)에게 국가 기밀을 누설한 죄로
오해 받았다. 체포된 그는 위나라 재상 위제(魏帝)에게
죽도록 두들겨 맞고 변소에 버려진 채 빈객들의 오줌을
받아 마셨다. 가까스로 빠져나와 목숨을 구한 범저는
이름마저 장록(張祿)으로 바꾸어 기회를 엿보다가 떠오르는
신흥 강국 진(秦)나라에 들어가 소왕의 신임을 받았다.
외척들을 과감히 제거하고 왕실을 강화시키고 대신들의
힘을 꺾어 제업의 기반을 닦았다. 채택 역시 관상이 좋지
않다는 말에 굴하지 않고 갖은 우여곡절 끝에 결국 범저의
눈에 들어 상객에 봉해졌고 다시 그의 뒤를 이어 재상이
되었다.

　범저와 채택을 나란히 소개한 사마천의 의도는
밑바닥을 경험한 이의 저력을 보라는 것이다.

인내해야 뜻을 펼 수 있다

곤궁에 처했을 때 치욕을 참고 뜻을 펴지 못하면
사람 구실을 할 수 없고, 부귀할 때 뜻대로 하지 못하면
현명하다고 할 수 없다.

窮困不能辱身下志, 非人也;
富貴不能快意, 非賢也.

—「계포·난포열전」

발분에 관한 어록

난포(欒布)가 한 말이다. 곤궁에 처했을 때 자신의 뜻을 굽힌다면 사람이 아니라는 다짐의 말이다.

한고조가 반란죄로 양왕 팽월(彭越)을 죽인 후 그의 삼족까지 멸하였다. 시체를 거리에 두고 누구도 건드리지 못하게 했다. 팽월은 난포의 은인이었다. 그가 한나라 포로로 잡혔을 때 풀어 주고 등용되도록 이끌어 준 이가 바로 팽월이다. 제나라에 사신으로 갔다가 팽월이 죽었다는 소식을 들은 그는 급히 달려와 시신 앞에서 통곡했다. 이를 본 한고조가 노하여 그를 삶아 죽이라는 형벌을 내렸으나, 난포는 고개를 꼿꼿이 한 채 한마디만 하게 해 달라고 한다. 팽월이 황제의 부름에 응하지 못한 것은 몸이 아파서이지 반란의 의도는 아니었는데, 의심만으로 제대로 조사해 보지도 않고 충신을 죽이는 것은 현명한 왕의 처사가 아니라고 아뢰었다. 지당한 말에 고조는 그를 풀어 주었고 벼슬도 내렸다. 난포는 오나라와 초나라가 반란을 일으켰을 때 공을 세워 유후(兪侯)로 봉해졌고, 연나라 재상도 되었다. 연나라와 제나라에서는 모두 난포를 모시는 사당을 짓고 난공사(欒公社)라 불렀다.

인생은
늘 역전

불 꺼진 재라고 어찌 다시 타지 않겠는가?

死灰獨不復然乎?

— 「한장유열전」

■ 법을 어겨 벌을 받게 된 한장유가 그를 모욕하며 멋대로
구는 옥리 전갑(田甲)에게 한 말이다. 세력을 잃어도 언제든
재기할 수 있다는 것이 세상의 이치다.

　이 말을 들은 옥리는 더욱 기세등등하게 대들었다.
"그러면 즉시 거기다 오줌을 누겠소." 얼마 후 한장유는
죄수의 몸에서 풀려나와 2000석의 녹을 받는 고관이
되었다. 전갑은 멀리 달아났다가 붙잡혀 와 용서를 빌었다.
이를 본 한장유는 "너희 같은 자와 무슨 말을 하겠느냐."며
그를 편하게 대우해 주었다.

진심으로
대하라

타인을 이해하다

'진심으로 대하라'는 표제로 시작되는 2부는 타인을
이해하는 다양한 방식을 다루고 있다. 사마천은
설득과 소통, 안목, 통찰, 성패와 승부, 결단과 실천,
교유 방식, 처세와 안분지족, 세상의 섭리와 시운의
처세를 다양한 인물군을 통해 타자와의 관계로
언급하고 있다.
　　지조와 소신의 아이콘 백이(伯夷)라든지,
아낌없는 우정을 과시한 포숙(鮑叔), 경제와 정치를
아우른 관중(管仲), 검소하면서도 유머 감각이
있는 명재상 안영(晏嬰) 등이 흥미롭게 다가온다.
손자(孫子)와 오기(吳起), 사마양저(司馬穰苴) 등
병법가와 개혁가의 기개와 의리, 여러 지식인의
모습에서부터 자객들의 이야기가 어록에 수록되어
있고, 냉혹한 현실주의자, 청렴한 관리에서 혹리,
협객과 기지와 해학의 골계가 등등 다양한 인물들이
한자리에 있다.
　　사마천은 '모든 것은 한순간에 나오는 것이
아니라 오랜 조짐 끝에 비롯되는 것'이라며 사물을
꿰뚫어 보는 눈이 필요함을 강조하고, 누선장군과
복파장군의 성패를 대비하면서 '성공과 실패의

뒤바뀜'을 비유했다. 그러면서 누구든 성공하고 싶어
하지만 기회는 준비된 자에게 오는 법이라는 점을
강조한다. 또한 치우치지도 않고 파당도 만들지 않는
장석지와 풍당을 비유하며 '그 사람을 알지 못하면
친구를 보라'는 말은 인간관계가 얼마나 중요한지
돌아보게 한다.

　　염파(廉頗)의 비난에 맞서지 않고 '위급한 일을
위해 사사로운 원망을 멀리 한다'는 인상여(藺相如)의
말은 행여나 찾아오는 열등감을 경계하고 나약한
마음을 물리치는 것이 성패를 좌우하는 것임을
강조하고, '지혜가 있어도 말하지 않으면 손짓
발짓만 못하다'는 괴통(蒯通)의 말은 결단하고
실천하려면 주저하지 말고 행동하라고 말하고 있다.
'만물이 왕성해지면 쇠락한다'는 채택의 말은 때가
되면 물러나야 하는 인생의 법칙에 귀 기울이게
한다.

　　여기에 실린 어록을 보며 결국 타인을 이해하는
일은 나를 이해하고 사랑하는 데서 비롯된다는 점을
알 수 있을 것이다.

진심으로
대하라

흰머리가 되도록 사귀었으면서도 새로 사귄 것 같은 자가
있는가 하면, 우연히 만나 잠깐 이야기하고도 옛날부터
사귄 것 같은 사람이 있다.

有白頭如新, 傾蓋如故.

— 「노중련·추양열전」

— 제나라 출신의 유세가로서 양나라 효왕의 문객이
되었던 추양(鄒陽)은 동료 양승(羊勝)·공손궤(公孫詭) 등의
참소를 받아 타국에서 객사할 처지에 놓인다. 간신들의
헐뜯음에 속아 넘어간 효왕은 옥리에게 명해 그를 감옥에
잡아넣었고, 여기서 추양은 자신을 변호하는 장문의
상소를 올리게 된다. 그러나 이것은 목숨을 구하는
애걸복걸의 편지가 아니라, 왕의 어리석음을 꾸짖는 준엄한
문장이었다. 충신을 멀리하고 간신을 가까이 했다가 비참한
말로를 맞은 국왕들의 연대기를 제시하면서 효왕에게
올바른 판단을 촉구하는 글은 비장미가 흘러넘친다. 앞의
인용문은 그 한 대목이다.

　　사람을 알고 모르고는 오래 사귄 여부에 있지 않고
상대방을 진심으로 대하는가에 있다는 말이다. 진심으로
대하면 지나는 길에 일산(日傘) 밑에서 잠깐 얘기를
나눌지라도 서로의 마음이 스며들어 일체가 되지만
사귐의 목적이 따로 있다면 평생을 사귀어도 기름과
물처럼 겉돈다는 말이다. 또한 그 사람이 진정 사귈 만한
사람인지를 먼저 알아보아야 한다는 뜻도 넌지시 전하고
있다.

　　이 글을 본 효왕은 사람을 보내 추양을 풀어 주고
마침내 상객(上客)으로 삼았다.

현명함과
어리석음의
차이

지혜로운 사람도 천 번 생각하면 한 번의 실수가 있으며,
어리석은 사람도 천 번 생각하면 한 번은 얻는 것이
있습니다.

智者千慮, 必有一失; 愚者千慮, 必有一得.

—「회음후열전」

━━ 광무군(廣武君) 이좌거가 자신의 계책을 듣지 않은 주군
성안군(成安君) 때문에 한신의 포로로 붙잡혀 가서 한
말이다. 한신의 집요한 설득으로 그는 한신의 편이 된다.
이좌거의 마음이 움직인 것은 다음과 같은 한신의 간곡한
부탁 때문이었다.

"내가 들은 바로는 현인 백리해(百里奚)가 우(虞)나라에
살 때는 우나라가 망하였으나, 진(秦)나라에 있자 진나라가
제후들의 우두머리가 되었다고 합니다. 백리해가 우나라에
있을 때는 어리석은 사람이다가 진나라에 가서 지혜로운
사람이 된 것이 아닙니다. 군주가 그를 등용했는지
등용하지 않았는지, 또 그의 말을 받아들였는지
받아들이지 않았는지에 달렸을 뿐입니다. 만약 성안군이
당신의 계책을 들었더라면 나 같은 사람은 이미 포로가
되었을 것입니다. 성안군이 당신을 쓰지 않았기 때문에
내가 당신을 모실 수 있게 되었을 뿐입니다. 마음을 다하여
당신의 계책을 따르겠으니 부디 사양하지 마십시오."

그러자 이좌거가 할 수 없이 승낙하면서 대답한 것이
앞의 인용문이다. 이좌거의 말은 촌철살인의 묘미와
겸양하는 의미가 함께 어울려 있다.

의심하지 말고
믿고 맡겨라

신이 듣건대, 아주 옛날 왕이 장수를 싸움터로 보낼 때
꿇어앉아 수레바퀴를 밀어 주면서 '궁궐 안의 일은 내가
처리할 테니, 궁궐 밖의 일은 장군이 처리하시오.'라고
말하고, 군공과 작위와 상은 모두 궁궐 밖에서 결정하고
돌아와서 보고하도록 했다고 합니다.

> 臣聞上古王者之遣將也, 跪而推轂,
> 曰'閫以內者, 寡人制之;閫以外者,
> 將軍制之.'
> 軍功爵賞皆決於外, 歸而奏之.
>
> ―「장석지·풍당열전」

■ 풍당(馮唐)의 말이다. 한 문제가 흉노 문제로 골치 아픈
표정을 짓다가 자신이 조나라의 충신 염파(廉頗)나 조나라
북쪽 변방의 장수 이목(李牧) 같은 자를 구하기만 하면
흉노를 무찌를 수 있다고 말했다. 그러자 풍당은 염파나
이목을 얻을 수 있다 해도 어떻게 쓰느냐에 전쟁의
성패가 달려 있다고 말했다. 앞의 인용문도 그 맥락에서
나온 것이다. 풍당은 "전쟁은 왕이 아니라 장수가 하는
것"이라는 인식을 문제에게 심어 주기 위해 노력했다. 결국
문제는 풍당의 간언에 감동해 그를 재상에 임명한다.

사람을
알아보는
지혜

사람을 알아보는 능력은 지혜로운 것이므로, 인재를
관리로 임명할 수 있을 것입니다.
백성을 편안하게 할 수 있는 일은 은혜로운 것이므로,
백성들이 은혜를 그리워하도록 할 수 있을 것입니다.
능히 지혜로울 수 있고, 은혜로울 수 있습니다.

知人則智, 能官人; 能安民則惠,
黎民懷之. 能知能惠.

— 「하본기」

고요(皐陶)가 형벌을 관장하는 옥관이 되어 백성을 다스렸을 때 우임금과 대화하고 있었다. 고요가 "아! 인재를 알아볼 수 있으면, 백성을 편안하게 할 수 있습니다."라고 말하자 우임금이 요임금도 그러한 일을 어려워하셨다고 하면서 전적인 동의를 표한 말이다.

왕도 백성들을 편안하게 만들어 줄 인재를 등용해야 하며 그 시작은 자신을 포함한 왕족과 귀족들의 특권을 없애는 데서 시작해야 한다. 아! 인재를 알아보는 지혜가 태평 시대의 근간인 것을.

누가
쓰임 받는지를
보라

나라가 장차 흥하려면 반드시 상서로운 징조가 나타나고,
군자는 쓰이고 소인은 물러난다. 나라가 장차 망하려면
어진 사람은 숨고 어지럽히는 신하들이 귀하게 된다.

> 國之將興, 必有禎祥, 君子用而小人退.
> 國之將亡, 賢人隱, 亂臣貴.
>
> —「초원왕세가」

안목에 관한 어록

━ 사마천이 초왕 유무(劉戊)의 어리석음을 총평한 것이다. 오나라와 군대를 합해 양나라를 공격했으나 결국 패배한 유무의 몰락이 결국 사람을 볼 줄 아는 안목의 부족함에서 비롯되었다고 질타한 것이다. 역사를 돌이켜 보거나 현실을 직시하거나 간에 인재를 등용하는 일에서 악화(惡貨)가 양화(良貨)를 구축하는 경우는 없다. 한번 바둑알을 잘못 놓으면 바둑판 전체가 그 무리들로 뒤덮이는 것이다.

외모로
사람을
취하지 말라

용모로써 사람을 취한다면 〔나는〕 자우에게 실수했다.

以貌取人, 失之子羽.

—「유후세가」

안목에 관한 어록

━━ 사마천이 공자의 탄식을 인용하여 한 말이다. 사마천은
『사기』를 쓰기 위해 중국 전역을 돌아다니며 사료를
직접 취재했다. 그 과정에서 장량(張良)의 화상(畵像)을
보게 되었는데 얼굴 생김새가 여자처럼 예뻤다. 장량
정도의 계책을 세울 만한 자는 관상학적으로도 심원한
내공이 얼굴에 스며 있어야 하는데 그렇지 않았다는 점을
사마천은 의아하게 생각한 것이다. 장량의 능력이 그의
곱상한 외모에 비해 과소평가될 소지가 있다는 의미다.

　　그러나 사마천은 문득 공자의 말을 떠올리면서 자신의
선입견이 잘못됐다는 것을 알았다. 자우는 공자의 제자로
공자보다 서른아홉 살 아래이다. 매우 못생겨서 공자는
그가 가르침을 받으러 왔을 때 재능이 모자라는
사람이라고 생각했다. 그러나 그는 가르침을 받은 뒤
물러나면 덕행을 닦는 일에 힘썼으며, 그를 따르는 제자만
해도 300명이나 되었다.

시궁창 쥐와
창고 쥐

비천한 위치에 있으면서 아무런 계획도 세우지 않는 것은
짐승이 고기를 보고서도 사람들이 그들을 쳐다본다 하여
억지로 참고 지나가는 것과 같습니다. 그러므로 가장 큰
부끄러움은 낮은 지위에 있는 것이며, 가장 큰 슬픔은
경제적으로 궁핍한 데 있습니다. 오랜 세월 낮은 지위와
곤궁한 처지에 있으면서 세상의 부귀를 비난하고 영리를
미워하며, 스스로 실행하지 않는 것에 의탁하는 것은
선비의 마음은 아닐 것입니다.

> 處卑賤之位而計不爲者, 此禽鹿視肉,
> 人面而能彊行者耳. 故詬莫大於卑賤,
> 而悲莫甚於窮困. 久處卑賤之位,
> 困苦之地, 非世而惡利, 自託於無爲,
> 此非士之情也.
>
> ― 「이사열전」

■ 이사(李斯)가 그의 스승 순경(荀卿; 순자)에게서 천하를
다스리는 제왕의 기술을 배우고 작별 인사로 올린 말이다.
이사는 초나라 출신이었지만 공부를 끝마치자, 초나라
왕은 섬길 만한 인물이 못 되고 여섯 나라는 모두 약소해서
공을 세울 만한 나라가 없다고 생각하여 서쪽 진나라로
들어가기로 한 것이다.

　이런 결정을 내리게 된 데는 계기가 있었다. 그는 젊은
시절 군에서 지위가 낮은 관리로 있었다. 관청 변소의
쥐들이 더러운 것을 먹다가 사람이나 개가 가까이 가면
자주 놀라서 무서워하는 것을 보았다. 그러나 창고 안으로
들어가니, 그곳의 쥐들은 쌓아 놓은 곡식을 먹으며 큰
집에 살면서도 사람이나 개를 안중에 두지 않았다. 그래서
이사는 탄식하며 "사람이 어질다거나 못났다고 하는 것은,
비유하자면 이런 쥐와 같아서 자신이 처해 있는 곳에
달렸을 뿐이다."라고 읊조렸다. 하찮은 동물로부터 인간
사회의 진실을 읽어 내는 이사의 통찰력이 잘 읽히는
대목이다.

틈새를
조심하라

대개 현명한 자는 〔일이〕 싹도 트기 전에 멀리 볼 줄 알고,
지혜가 있는 자는 형체가 없어도 나타나기 전에 위험을
피합니다. 재앙이란 본래 대부분 미묘한 곳에 숨어 있다가
사람들이 주의를 소홀히 하는 곳에서 피어납니다.

蓋明者遠見於未萌, 而智者避危於無形,
禍固多藏於隱微, 而發於人之所忽者也.

— 「사마상여열전」

■ 사마상여(司馬相如)가 한 무제에게 올린 글에 나오는 말이다. 그는 만승(萬乘)의 천자는 행동 하나하나에 조심해야 한다는 뜻에서 이런 말을 했다. 위에서 말하듯 위험은 미리 예측해서 그물로 세밀하게 거른 뒤에도 반드시 나타나게 마련인데, 숨어서 기다리는 재앙을 색출하고 지뢰처럼 도사린 재앙은 피해서 디뎌야 한다.

때와
쓰임을
알아야 한다

싸움을 알면 미리 방비를 해야 하고, 때와 쓰임을 알면
필요한 물건을 알게 됩니다.

知鬪則修備, 時用則知物.

—「화식열전」

■ 월나라 왕 구천은 회계산에서 재기를 노리며, 범려(范蠡)*와
계연(計然; 범려의 스승)을 기용했는데 계연이 한 말이다.
계연의 논지는 "물자를 축적하는 원칙은 물건을 온전한
채로 보존하는 데 힘써야 하는 것이지 물화를 오래 쌓아
두는 게 아니고〔積著之理務完物無息幣〕, 물건과 돈은 흐르는
물처럼 원활하게 유통시켜야〔財幣欲其行如流水〕한다."는
것이다.

　당시 물자 유통은 원활했고 경제구조 역시 이익을
추구하는 상인을 위주로 일원화된 구조를 형성하고
있었다. 무제에게 상인들은 상품유통의 매개자로서 역할을
수행하면서 제국의 질서를 유지하기 위한 확고한 근거였다.
그러나 상인들은 자신들의 이익을 위해 국가의 질서를
파괴하기도 해 적지 않은 문제를 야기하기도 했다.

*　범려는 20여 년 만에 구천의 원수를 갚아 주고는 정치를 떠났다. 그는
　천하의 부를 이루었으니 정치가로도 성공했고 경제인으로도 성공한 드문
　인재다.

잉태된
조짐을
내다보라

신하가 임금을 시해하고 자식이 아버지를 죽이는 것은
하루아침 하루 저녁의 원인으로 그렇게 되는 것이 아니라,
〔그 원인이〕 오랫동안 쌓인 것이다.

臣弑君, 子弑父, 非一旦一夕之故也,
其漸久矣

—「태사공자서」

■ 사마천은 『춘추(春秋)』의 중요성을 말하면서 "책 가운데
임금을 죽인 자가 36명이고, 나라를 망하게 한 자가
52명이며, 제후가 도망하여 그 나라를 지키지 못한 경우는
수없이 많다. 그 까닭을 살펴보면 모두 근본을 잃었기
때문이다."라고 했다. 『사기』가 인간 심리의 고전이라는
것을 이러한 구절에서 또 확인하게 된다. 모든 것은
한순간에 나오는 것이 아니라, 오랜 조짐 속에서 서서히
잉태되어 나오는 것이다. 그러니 "털끝만큼의 작은
잘못도 그 결과는 천 리나 오차가 있을 수 있다.〔失之豪釐,
差以千里〕"는 말을 명심해야 하지 않는가?

입을 막으면
둑이 터진다

백성의 입을 막는 것은 물을 막는 것보다 심각합니다.
물이 막혔다가 터지면 다치는 사람이 분명 많은 것처럼,
백성들 또한 이와 같습니다. 이 때문에 물을 다스리는 자는
물을 터서 물길을 인도하고, 백성을 다스리는 자는 그들을
이끌어 말하게 해야 합니다.……백성에게 입이 있는 것은
대지가 산과 내에 있어 재물의 쓰임이 이곳에서 나오는
것과 같습니다.

防民之口, 甚於防水. 水壅而潰, 傷人必多,
民亦如之. 是故爲水者決之使導,
爲民者宣之使言……民之有口也,
猶土之有山川也, 財用於是乎出.
— 「주본기」

━━ 소공(召公)이 포악한 군주인 여왕(厲王) 호(胡)의 폭정을
언급하면서 그가 백성들의 입을 막아 눈짓으로 주고받을
만큼 언론 통제가 심하자, 참지 못해 올린 말이다.
"모름지기 천자는 사대부에게는 시를 바치게 하고,
악관에게는 악곡을 지어 바치게 하며, 사관에게는
역사서를 바치게 하고, 악사에게는 잠언(箴言)을 바치게
해야 한다." 그래야 백성의 목소리와 몸짓과 속에 응어리진
생각까지 들리는 것이다.

은밀히
하라

대체로 일이란 은밀히 함으로써 이루어지고
말이 새어 나가면 실패한다.

夫事以密成, 語以泄敗.

— 「노자·한비열전」

— 사람의 자발적인 인성을 불신하고 오로지 법술(法術)로
다스려야 한다고 굳게 믿은 한비(韓非)는 유학자는 글로
나라의 법을 혼란스럽게 하고, 협사는 힘으로 나라의
금령을 어기고 있다고 생각했다. 또한 일을 추진할 때도
의논을 분분하게 하지 않고 일사불란하게 처리하는 것을
핵심으로 삼았다.

한비가 말한 것을 철저히 시행한 사람으로 한나라
경제 때의 낭중령 주문(周文)이 있다. 그는 경제의 총애를
독차지하여 침실을 드나들 정도였지만 어떤 경우에도
왕에게 다른 사람의 비밀을 말하지 않았다. 그리고 편작이
명의로 평가받은 것도 그만의 비방이 있었기에 가능한
것이었다. 권력을 좌지우지한 제나라 재상 주보언이 그의
가족들과 함께 몰살당한 것도 그의 뇌물 비리를 아는 자가
누설했기 때문이다.

기회는
준비된
자에게만 온다

성공과 실패가 뒤바뀌며 도는 것이
비유하면 먹줄을 긋는 것과 같다.

成敗之轉, 譬若糾墨.

— 「남월열전」

성패와 승부에 관한 어록

━━ 사마천이 논평한 것이다. 누선장군(樓船將軍)과 복파장군 두 사람의 성패를 보면서 어떤 사람은 성공하고 어떤 사람은 실패하는 것이 극명한 대비가 된다는 것을 언급하고 있다.

　누선장군은 이듬해 겨울, 남월의 승상을 자처하는 여가(呂嘉)*를 쳐부수기 위해 정예군을 거느리고 월나라의 선봉을 물리치고 복파장군을 기다렸는데, 복파는 죄수들을 인솔한 데다 길까지 멀어 약속한 날짜에 늦었고 누선과 만났을 때는 천여 명밖에 남아 있지 않았다. 그런데 월나라 진영에서는 복파의 명성은 익히 듣고 있었지만 날이 저물어 병력의 수를 파악하지 못했다. 그래서 복파는 병력이 많은 것처럼 보이는 계책을 써 결국 성안 군사들이 새벽녘에 모두 항복하는 대승을 거두었다. 누선은 수만 명의 병력에도 불구하고 승리를 거두지 못했으니 사마천은 이것을 "욕망만을 좇아 게으르고 오만 방자하기 때문"이었다고 말했다.

　누구든 성공하고 싶어 하지만, 기회는 준비된 자에게만 오는 법이다. 누선장군은 그것을 살리지 못했고 복파장군은 살렸다.

＊　삼대에 걸쳐 왕을 모신 월나라 재상. 그의 가문 중에 벼슬하여 높은 지위에 오른 사람이 70여 명이나 되었다.

무위도식에서
벗어나라

이 한 몸도 부귀해지자 친척들이 두려워하고 가난하면
업신여기는데, 하물며 일반 사람들이야 오죽하랴! 만일
나에게 낙양성 주변에 밭이 두 이랑만 있었던들 내가 어찌
여섯 나라의 재상의 인수를 찰 수 있었을까?

> 此一人之身, 富貴則親戚畏懼之,
> 貧賤則輕易之, 況衆人乎!
> 且使我有雒陽負郭田二頃,
> 吾豈能佩六國相印乎?
>
> ─「소진열전」

━━ 소진이 출세한 자신에게 형수가 지나치게 공손한 태도를
보이자 한탄하면서 한 말이다.

　재상이 되어 천하의 모든 것이 다르게 보이던 어느 날,
소진은 북쪽으로 조나라 왕에게 일의 경과를 보고하러
가는 길에 낙양을 지나게 되었다. 짐을 실은 수레는
말할 것도 없이 제후들마다 소진을 모시려고 사신을
보내오기도 하고 전송하는 자가 너무 많아 군주의 행차에
견줄 만하였다. 옛날에 자신을 그토록 무시했던 주나라
현왕(顯王)도 이런 소문을 듣고 두려워 소진이 지나가는
길을 쓸게 하고 교외까지 사람을 보내 위로했다. 가족
사이에서도 성공해야 대접받는데, 남남 관계에서는 말해
무엇하랴. 예나 지금이나 아무 하는 일 없는 남자는
구박받기 마련이다.

막다른
길이라면
도전하라

지금 도망쳐도 죽고 큰 계획을 거사해도 죽는다.
똑같이 죽는 것인데 나라를 위하여 죽는 것이 옳겠는가?

今亡亦死, 擧大計亦死, 等死, 死國可乎?
— 「진섭세가」

성패와 승부에 관한 어록

━━ 진섭(陳涉)이 오광(吳廣)과 상의하는 중에 나온 말이다.

진(秦)의 2세 황제 원년 7월, 이문(里門)에 사는 빈민들을 변경 근처인 어양(漁陽)으로 옮겨 가는 일이 있었다. 진섭은 오광과 함께 900여 명을 데리고 가는 둔장(屯長)을 맡았다. 마침 큰비가 내려 도로가 막혀 기한 내에 돌아갈 수 없게 되자 막다른 곳에 처해 이렇게 말한 것이다. 왜 이런 말이 나왔을까?

천하 사람들이 진나라 통치의 가혹함에 고통 받은 것이 오래되었다. 진시황이 죽자 장자를 제치고 막내 호해가 간신 조고의 도움으로 왕위에 올랐다. 장자 부소(扶蘇)는 여러 차례 간언을 했다는 이유로 진시황이 그를 변방 임지로 내쫓았다. 백성들은 그의 안부가 궁금했다. 초나라의 장군으로 진에 저항하여 여러 차례 공을 세워 모든 사람이 우러러 받드는 항연(項燕)이란 자가 있다. 어떤 사람들은 그가 죽었다고 말하고, 어떤 사람들은 그가 외지로 도망가서 숨었다고도 한다. 진섭은 우리가 부소와 항연 두 사람을 가장하여 천하 사람들을 위해 앞장선다면 당연히 호응하는 이들이 많을 것이라는 논지를 펼쳤다. 결국 이들은 의거를 감행해 6개월이지만 왕으로 천하를 풍미한다.

깃털도 쌓이면
배를
가라앉힌다

깃털도 많이 쌓으면 배를 가라앉히고, 가벼운 물건도 많이
실으면 수레의 축이 부러지며, 여러 사람의 입은 무쇠도
녹이고, 비방이 쌓이면 뼈도 녹인다.

積羽沈舟, 羣輕折軸, 衆口鑠金, 積毀銷骨
— 「장의열전」

■ 장의가 연횡책을 기치로 내걸고 위(魏)나라로 떠나기 전에 한 말이다. 위나라는 영토도 좁고 병사도 적은데 사방에서 초나라나 한나라 같은 강력한 제후들이 핍박하고 있으므로, 그것이 쌓이고 쌓이면 결국 망하는 수순을 밟는다는 얘기다. 힘 있는 진나라를 섬기게 되면 초나라나 한나라가 공격할 일은 없을 것이라고 했다. 결국 위나라 애왕은 합종에서 빠져나와 진나라와 우호조약을 맺었다.

공격이
최선의
방어

강한 자는 공격을 잘하고,
약한 자는 제대로 지키지 못한다.

彊者善攻, 弱者不能守.

―「평원군·우경열전」

성패와 승부에 관한 어록

━━ 우경(虞卿)은 유세가로 항상 짚신을 신고 어깨까지 걸치는 챙이 긴 삿갓을 쓰고 다니다가 조나라 효성왕을 설득해 결국 상경의 자리에 오른다. 당시 진나라와 조나라는 장평(長平) 전투 이후로 사이가 좋지 않은 상태였다. 왕이 화친 여부를 묻자 우경은 땅만 떼어 줘서는 결국 탐욕스런 진나라에게 멸망당할 것이라는 취지로 이와 같이 말했다.

우경이 볼 때 진나라처럼 강한 자의 공격을 막아 내기란 쉽지 않지만 방법이 없는 것은 아니다. 결국 조나라는 동쪽 제나라와 힘을 합쳐 진나라 공격을 도모하게 된다. 공격이 최선의 방어라는 것을 우경은 실천했다.

우경은 시대적 조류를 타고 진나라를 섬겼다 초나라를 섬겼다 하는 지조 없는 일부 빈객들과는 달리 끝까지 합종을 지키며 진나라에 대항하고 조나라에 충성을 다했던 소신파였다. 사마천은 우경에 관한 기록에서는 동병상련의 마음을 갖고 우호적으로 서술했다.

열등감을
경계하라

나는 조나라의 장군이 되어 성의 요새나 들에서 적과
싸워 큰 공을 세웠다. 그러나 인상여는 겨우 혀와 입만을
놀렸을 뿐인데 지위가 나보다 높다. 또 상여는 본래 미천한
출신이니, 나는 부끄러워서 차마 그의 밑에 있을 수 없다.

> 我爲趙將, 有攻城野戰之大功,
> 而藺相如徒以口舌爲勞, 而位居我上,
> 且相如素賤人, 吾羞, 不忍爲之下.

> ―「염파·인상여열전」

성패와 승부에 관한 어록

━━ 염파(廉頗)의 말이다. 그는 인상여(藺相如)가 공을 세워 자신보다 높은 상경(上卿)의 지위에 오르자, 결국 그를 모욕하고자 했다. 인상여는 이 말을 듣고 염파와 마주치지 않으려고 했다. 조회가 있을 때마다 항상 병을 핑계 삼아 염파와 서열을 다투려 하지 않았을 뿐만 아니라, 외출할 때도 멀리서 염파가 보이면 수레를 끌어 숨어 버리기도 할 정도였다.

주변의 사람들이 인상여의 이런 소극적인 태도를 보고 상당히 안타까운 말을 전하자, 인상여는 진나라가 조나라를 공격하지 못하는 이유가 바로 자신과 염파 두 사람이 버티고 있기 때문이라고 하면서 "내가 염파를 피하는 이유는 나라의 위급함을 먼저 생각하고 사사로운 원망을 뒤로 하기 때문이오."라고 말했다. 그러자 염파는 자신이 잘못 생각한 것임을 깨닫고는 웃옷마저 벗어 던지고 가시채찍을 짊어지고 인상여의 집에 가서 자신의 행동이 무례했음을 사죄했다. 인상여 역시 너그럽게 용서해 두 사람은 평생의 지기가 되었다.

사물의
틈을
노려라

급소를 치고 빈틈을 찔러 형세를 불리하게 만들면 저절로
물러날 것입니다.

批亢擣虛, 形格勢禁, 則自爲解耳.

— 「손자·오기열전」

■ 위왕(魏王)이 제나라 장군 전기(田忌)를 장수로 임명하고 나서 손빈(孫臏)을 불러 작전을 세우게 할 때였다. 손빈은 전기가 직접 군대를 거느리고 조나라를 치려는 것을 보고는 이를 만류했는데, 때마침 위나라와 조나라가 전쟁 중이었기 때문이다. 즉 위나라의 수도 대량으로 들어가 중요한 길목을 차지하고 텅 빈 곳을 치라고 조언해 큰 전과를 올렸다.

『손자병법』에 「허실(虛實)」 편이 있다. 글자 그대로 허는 사물의 틈이 되며 틈이 없는 곳이 곧 실이 된다. 전쟁터에서 적이 빈틈없이 수비할 때 성공의 핵은 그 급소를 치는 것이다. 훌륭한 공격은 분명 상대가 예측할 수 없는 방향에서 들어오는 것이다. 이 방향으로 공격하면 적은 분산될 수밖에 없고 그 틈을 노리면 바로 승리하게 된다. 일이란 관건이 되는 것을 건드리고 나면 나머지는 모두 무너져 내리는 법이다.

송나라 양공처럼 적의 전열이 다 갖추어지고 나서 싸움을 벌이려다가 결국 화살을 맞고 죽음을 맞이한 것은 손빈이 보기에 '어리석은 인자함'이다.

문제가 터럭같이 작을 때 대비하라

가을 터럭 끝같이 작을 때 치지 않으면 장차 도끼를 써야 한다.

豪氂不伐, 將用斧柯.

— 「소진열전」

성패와 승부에 관한 어록

■ 『주서(周書)』를 인용해 소진이 위(魏)나라 양왕(襄王)에게
한 말이다. 소진이 보기에 위나라는 당시 정예 병사가
20만이고, 파란 두건을 쓴 병졸이 20만이며, 용감한
병사가 20만, 뒤에서 부대를 위하여 일하는 사람이 10만,
전차 600대, 군마 5000필을 거느린 강국이었다. 그런데
신하들은 이런 막강한 힘이 있는데도 매일 진나라를
섬기라고 간언하니, 섣불리 땅을 떼어 바치다 보면 어느새
위나라는 하루아침에 사라진다는 것이다. 이는 한때의
안위를 위해 먼 훗날 국가의 안녕을 돌보지 않는 무책임한
언동을 지적한 말이다.

소진의 말을 들은 위왕은 소진의 뜻에 따라 합종의
대열에 참여한다. 위왕의 안내를 받으며 그는 다시 동쪽
제나라 선왕(宣王)을 설득하러 간다.

현명한 군주라면 눈앞의 분쟁이 아니라 앞으로 일어날
분쟁의 여지를 미리 파악해서 대비해야 한다. 문제를 미리
파악하지 못하면 결국 큰 문제가 발생하게 되고 해결은
어려워지는 법이다.

배짱으로
부딪쳐라

만일 저를 좀 더 일찍이 주머니 속에 있게 하였더라면
송곳의 자루까지 밖으로 나왔을 것입니다. 다만 그 끝만
드러나 보이지는 않았을 것입니다.

使遂蚤得處囊中, 乃穎脫而出,
非特其末見而已.

— 「평원군·우경열전」

▬ 평원군(平原君)의 밑에 식객(食客)으로 있던 모수(毛遂)가
자신을 알아주지 않는 평원군을 탓하면서 호기롭게 한
말이다. 춘추시대에는 기존의 사회질서가 붕괴되면서
새로운 사회 세력, 지식을 배경으로 지배층의 일원으로
자임하며 정치에 참여하거나 참여를 갈망하는 사람, 즉
지식인 관료 및 관료 예비군인 '사(士)' 계층이 생겨났다.

평원군이 보기에 모수는 그저 밥이나 축내는 존재였다.
모수는 평원군의 눈길을 받지 못한 채 3년이나 무명으로
지냈다. 그런 그가 갑자기 자신이 송곳 끝이 아니라
자루라고 말하자 평원군은 아연실색하고 주위의 식객들도
다 비웃었다. 주머니는 평원군이고 자루는 모수요 끝은
다른 식객들의 하찮은 재주를 의미하는 것이니 웃음이
나왔을 법하다. 평원군이 반신반의하며 모수를 추천하자
그는 결국 큰 성과를 거두고 돌아온다.

모수가 돌아왔을 때 평원군이 말했다.

"나는 다시는 감히 선비를 고르지 않겠다. 내가
지금까지 고른 선비는 많다면 천 명이 될 것이고, 적어도
백여 명은 될 것이다. 나는 스스로 천하의 선비를 잃은
적이 없다고 생각해 왔다. 그런데 이번 모 선생의 경우에는
실수했다. 모 선생의 세 치 혀는 백만 명의 군사보다도
강했다.(三寸之舌, 彊於百萬之師)"

그러고는 모수를 상객으로 삼았다.

길이
보이면
주저하지 말라

합종의 이로운 점과 해로운 점에 대해서는 두 마디면
결정되는데, 지금 해가 뜰 무렵부터 이야기를 시작하여
한낮이 되도록 결정을 내리지 못하는 것은 무엇
때문입니까?

> 從之利害, 兩言而決耳. 今日出而言從,
> 日中不決, 何也?
>
> —「평원군·우경열전」

— 모수가 초왕에게 합종을 강력하게 권유하는 장면으로 "어찌 평범한 사람들의 말에 가려 어두컴컴한 곳에서 큰일을 결정하겠습니까!"라는 소진의 말을 떠올리게 만드는 대목이다. 이미 마음속으로는 결론이 나 있고, 걸어갈 길이 눈앞에 보이는데 자꾸 걱정을 만들고 덕지덕지 이런저런 상황들을 끌어다가 문제를 복잡하게 만들 필요가 없다는 말이다.

승부수를
던져라

대체로 위태로운 일을 하면서 편안함을 찾고
재앙을 만들면서 복을 구하려고 한다면,
계책은 얕아지고 원망만 깊어질 뿐입니다.

夫行危欲求安, 造禍而求福, 計淺而怨深.

—「자객열전」

━━ 연나라 태자 단(丹)이 연을 노리는 진나라에 대해 우려하자
그의 태부(太傅) 국무(鞠武)가 한 말이다. 당시 진나라 장수
번오기(樊於期)가 진나라 왕에게 죄를 짓고 연나라로 망명해
오자 태자는 그를 받아 주었다. 국무는 이런 태자의 모습에
우려를 표명하면서 번 장군을 하루 빨리 흉노가 있는
곳으로 내쫓아 버려야 진나라가 트집 잡을 일을 미연에
방지할 수 있다고 말했다. 진나라가 연나라를 치는 것은
가벼운 기러기 깃털 하나를 화로의 숯불 위에 놓아 태우는
것처럼 아주 쉬운 일이었기 때문이다.

작은 일과
큰일을 나누어
생각하라

작은 일을 돌아보다가 큰일을 잊어버리면 뒤에 반드시
재앙이 닥치며, 의심하며 주저하면 뒤에 반드시 후회하게
됩니다. 결단을 내려 과감하게 행동으로 옮기면 귀신도
피하고 뒷날 성공하게 됩니다. …… 때가 때인 만큼
한가롭게 생각할 여유가 없습니다. 식량을 짊어지고 말을
달려도 오로지 때에 늦을까 염려됩니다.

顧小而忘大, 後必有害; 狐疑猶豫,
後必有悔. 斷而敢行, 鬼神避之,
後有成功. …… 時乎時乎, 閒不及謀!
贏糧躍馬, 唯恐後時!

— 「이사열전」

결단과 실천에 관한 어록

■ 간신 조고(趙高)가 갑작스럽게 세상을 떠난 시황제의 유서를 위조하여 호해를 2대 황제로 추대하려는 음모를 꾸미고는 호해를 설득하면서 한 말이다. 시황제는 큰아들 부소를 변방에 보내 고생시키는 등 싫어했지만 막상 죽을 때는 왕위를 그에게 물려준다는 유서를 남겼다. 막내아들 호해를 어릴 때부터 돌봐 온 조고는 이를 둘도 없는 기회로 보았다. 그는 "탕왕과 무왕은 각각 자기의 군주를 죽였지만 세상 사람들은 그들을 의롭다고 할 뿐 충성스럽지 못하다고는 말하지 않았다."는 등의 말을 하면서 유서 위조에 가담하지 않으려는 호해를 압박했다. 결국 호해는 그의 음모에 꼭두각시 노릇을 해 황제 자리에 오른다.

그러나 간신 조고의 말 속에 드러난 논리적 왜곡은 섬뜩하다. "생각할 여유가 없다."는 충동질은 "바쁠수록 돌아가라."는 성현들의 말과 정면으로 배치되는 것이고, "작은 일"과 "큰일"을 서로 뒤바꾸는 수법이 간악하기 이를 데 없다.

주저하지 말고
행동하라

맹호라도 꾸물거리면 벌이나 전갈만 한 해(害)도 끼치지
못하며, 준마라도 주춤거리면 노둔한 말의 느릿한 걸음만
못하며,〔진(秦)나라의 용사〕 맹분도 여우처럼 의심만 하면
보통 사람들이 일을 결행하는 것만 못하고, 순임금이나
우임금의 지혜가 있더라도 우물거리고 말하지 않으면 말
못하는 자나 듣지 못하는 이가 손짓 발짓을 하는 것만
못하다.

猛虎之猶豫, 不若蜂蠆之致螫;
騏驥之跼躅, 不如駑馬之安步;
孟賁之狐疑, 不如庸夫之必至也;
雖有舜禹之智, 吟而不言,
不如瘖聾之指麾也.

— 「회음후열전」

결단과 실천에 관한 어록

━━ 괴통이 회음후(淮陰侯) 한신에게 경고한 말이다. 한신의
공이 이미 창업자인 고조 유방의 공에 비견될 정도라는 게
그 이유였다. 괴통의 말인즉 "용기와 지략이 군주를 떨게
만드는 자는 그 자신이 위태롭고, 공로가 천하를 덮는 자는
상을 받지 못한다."는 것이다. 그는 한나라의 2인자 자리에
미련을 떨쳐 버리지 못하는 한신의 처신에 각별한 우려를
표시하였다.

당시 한신의 위상은 초나라로 돌아가도 항왕이 믿지
못할 정도였고, 한나라로 돌아가도 유방이 떨며 두려워할
정도였다. 백성들 사이에서는 항우나 유방보다 더 유명한
전쟁 영웅이었던 것이다. 괴통은 한신에게 빨리 한나라를
배반하라고 종용했지만 한신은 주저하며 괴통의 제안을
거절했다.

한신이 한나라로 돌아갔을 때 고조 유방은 그를
경계했다. 제나라를 빼앗고 초나라에 배치시켰으며,
공으로 따지면 한참 미치지 못하는 강후 주발이나 관영
같은 사람과 동급으로 대우했다. 괴통의 말이 옳았던
것이다. 한신은 쓴웃음을 짓고 불안해하다가 결국 반란을
도모했고, 중간에 발각돼 참수된다. 그는 죽기 전 '괴통의
계책을 쓰지 못한 게 억울하다.'고 내뱉었다.

날지도 않고
울지도 않는
새

이 새는 날지 않으면 그만이지만 한 번 날았다 하면 하늘
높이 날아오르고, 울지 않으면 그만이지만 한 번 울었다
하면 사람들을 놀라게 할 것이다.

> 此鳥不飛則已, 一飛沖天;
> 不鳴則已, 一鳴驚人.

— 「골계열전」

■ 익살과 해학의 달인 순우곤이 제나라의 위왕(威王)과
대화하는 가운데 낸 수수께끼의 대답이다.

그 당시 위왕은 수수께끼를 좋아하고 음탕하게 놀며
밤새도록 술 마시기를 즐겨하여, 술에 빠져 나랏일을
돌보지 않고 정치를 경대부에게 맡겨 버렸다. 그리하여
문무백관들은 문란해졌고 제후들이 동시에 침략해 나라의
존망이 아침저녁으로 절박한 지경에 놓였다. 그런데도
주위 신하들 가운데 감히 간언하는 자가 없었다.

그래서 순우곤이 "나라 안에 큰 새가 있는데, 대궐 뜰에
멈추어 있으면서 3년이 지나도록 날지도 않고 울지도 않고
있습니다. 왕께서는 이것이 어떤 새인지 아십니까?" 하자
왕이 이와 같이 대답한 것인데 결국 이 새는 왕 자신을
비유하는 것이었다.

사마천은 「진시황본기」에서 진나라의 멸망을
회고하면서 "이 당시 세상에 생각이 깊고 변화를 아는
인사가 없었던 것은 아니었으나 과감하게 충성을 다하여
황제에게 지적하지 않은 까닭은 진나라의 풍속에 꺼리고
피해야 할 금기가 많아서 충성스러운 말이 입에서 미처
끝나기 전에 몸이 죽어 없어지기 때문이었다. 그러므로
천하의 선비에게 귀를 기울여 듣게만 하고 발을 포개고
서서 입을 다문 채 말하지 않게 만든 것이다."라고
한탄했다. 당시 위나라가 이와 같았다.

요행을
바라지 않는
자세

포학한 것으로써 얻는 자는 반드시 포학한 것으로 잃고,
강제로 빼앗은 자는 반드시 뒤에 공을 잃는다.

暴得者必暴亡, 彊取者必後無功.
—「귀책열전」

━━ 주나라 원왕(元王)이 거북을 얻었으나 신령스러워 보여서
놓아 주려 했다. 그때 옆에 있던 위평(衛平)이란 자가 "큰
덕은 갚지 않아도 되고, 귀중한 물건을 〔남이〕 맡기면
돌려주지 않아도 되며, 하늘이 준 것을 받지 않으면
하늘은 그 보물을 도로 빼앗는다.〔盛德不報. 重寄不龜;
天與不受, 天奪之寶〕"면서 이를 말렸다. 이 거북을 얻은 자가
천하를 얻을 수 있으며 이는 굴러온 복이니 차지 말라는
취지였다. 그러자 원왕이 거부하면서 응수한 말이다.
세상의 운명은 거북 따위에게 있는 것이 아니며 일확천금
얻듯이 얻어지는 것도 아니라는 그의 진중함이 묻어나는
발언이다.

실천하되
주위를
돌아보라

실천을 잘하는 사람이 꼭 말을 잘하는 것은 아니며,
말을 잘하는 사람이 반드시 실천을 잘하는 것은 아니다.

能行之者未必能言, 能言之者未必能行.

—「손자·오기열전」

━━ 사마천의 논평이다. 이 말은 손빈과 오기(吳起)의 비극적
삶과 관련되는데 손빈이 방연을 해치운 계략은 실로
절묘한 것이었으나, 그에 앞서 스스로 다리가 잘리는
형벌은 막지 못했다. 오기는 노나라 장수가 되고자 했지만
그의 아내는 노나라와 적대적인 제나라 출신이었다.

출세를 위해 아내를 죽이고 장군이 된 오기는 병사들과
함께 고락을 함께하여 훌륭한 장수의 반열에 올랐지만
결국 행실이 각박하고 인정이 없었기 때문에 목숨을
잃었다.

여기서 사마천이 말을 잘한다고 한 것은 주변을
잘 설득해 다독인다는 뜻으로 쓰이고 있다. 실천하는
사람들은 주위를 돌아보지 않는 경우가 많다. 진나라의
개혁을 진두지휘한 상앙도 결국 각박하고 인정이 없어
자신에게 다가오는 화를 막지 못했다.

의심하지 말고
행동하라

의심스러워하면서 행동하면 공명이 따르지 않고,
의심스러워하면서 사업을 하면 성공할 수 없습니다.
또 다른 사람들보다 뛰어난 행동을 하는 자는 원래 세상
사람들의 비난을 받게 마련이며, 남들이 모르는 지혜를
가진 자는 반드시 사람들에게 오만하다는 비판을 듣게
마련입니다.

疑行無名, 疑事無功. 且夫有高人之行者,
固見非於世; 有獨知之慮者, 必見敖於民.

— 「상군열전」

결단과 실천에 관한 어록

━━ 상앙(商鞅)이 자신을 기용해 개혁을 단행하려는 효공(孝公)에게 올린 말이다. 상앙의 개혁안이 워낙 혁신적이었기 때문에 효공은 세상 사람들이 자기를 비방할까 봐 매우 걱정했다. 그러나 어떤 일을 할 때는 그 일이 반드시 필요하고 옳은 것인지의 여부를 따져야지 주변에 휘둘려서는 안 된다. 기존의 힘이 강하면 강할수록 단단한 결심을 바탕으로 해서 시작해야 한다. 옛 질서의 기득권층이 적으로 돌변하게 되면, 개혁은 성공의 가능성이 적고 혁명은 더 희박하기 때문이다.

상앙은 개혁을 밀고 나가 진나라의 법과 제도를 많이 바꾸었지만 결국 주변에 상처를 남기고 개인적으로도 비극을 맞았다. 상앙이 반란군의 난을 피해 달아나다가 변방의 한 여관에 묵으려 했지만, 통행증이 없다는 이유로 주인에게 쫓겨났다. 통행증 제도를 만든 것은 바로 상앙 자신이었다. 자신이 만든 법이 결국 자신을 옥죄었던 것이다.

개혁은 신중하고 또 신중할 일이다.

목표를
정하고
실천하라

어떤 전략을 쓸 것인가만 생각하면 될 뿐이니, 옛날 병법을
배울 것까지는 없습니다.

顧方略何如耳, 不至學古兵法.

—「위장군 · 표기열전」

━━ 표기 장군 곽거병(藿去病)은 사람됨이 과묵하여 함부로 말을 하지 않았고, 기백이 있어 과감하게 흉노 정벌에 솔선수범했다. 그에게 천자가 『손자병법』과 『오자병법』을 가르치자 거부하며 한 말이다.

곽거병은 행동하고 실천하는 장수였다. 18세의 청년 장군으로 대장군 위청(衛靑)을 따라 출정했으며 네 번의 싸움에서 적군 11만여 명의 머리를 얻었으니, 그가 비록 한 무제의 외척으로 비판받는 면이 있지만 목표를 정하고 실천해서 이루는 면에서는 손색이 없었다.

그러나 옛 선현들의 업적을 전면적으로 거부하는 것을 두둔할 수만은 없다. 경전적 의미를 지닌 전통은 반드시 거쳐야 하는 통과의례이기 때문이다.

뜻을 굽히고 드러냄의 차이

제가 듣건대 군자는 자기를 알아주지 않는 자에게는 〔자신의 뜻을〕 굽히지만, 자기를 알아주는 자에게는 〔자신의 뜻을〕 펼친다고 합니다.

吾聞君子詘於不知己而信於知己者.

— 「관·안열전」

교유에 관한 어록

■ 월석보(越石父)라는 어진 사람이 어쩌다가 죄인의 몸이
되었다. 안자는 밖에 나갔다가 길에서 우연히 그와
마주쳤는데, 마차의 왼쪽 말을 풀어 보석금으로 내주고
월석보를 태워 함께 집으로 돌아왔다. 그러나 집에
도착한 안자는 아무런 인사말도 없이 내실로 들어가
버렸다. 안자의 태도에 심기가 불편해진 월석보가 자신을
알아주지 않고 예우해 주지 않으려는 안자에게 한 말이다.
그는 안자가 보석금을 내면서까지 자신을 구해 준 것은
감사하나 "저를 알아주면서도 예의가 없다면 진실로
죄인의 몸으로 있는 편이 낫습니다.〔知己而無禮, 固不如在
縲絏之中〕"라는 말을 남기고 떠나려 했다. 그러자 안자는
월석보를 안으로 모셔 상객으로 대우했다.

내 마음이
차별을
만든다

〔신분상의〕 귀하고 천함을 가리지 않고 한결같이 자신과
똑같은 대우를 해 주었다.

無貴賤一與文等.

— 「맹상군열전」

■ 천하의 인재를 모으는 데 온 힘을 기울인 맹상군에게
선비들이 구름처럼 몰린 이유는 단 하나였다. 편견 없이
대하고 자신과 차등을 두지 않는다는 것이다.

　하루는 맹상군이 손님과 이야기를 나누고 밤참을
대접하고 있었다. 그런데 누군가 불빛을 가린 탓에 방
안이 어두웠다. 손님은 자신의 음식이 맹상군의 것과 다른
것을 감추기 위하여 일부러 어둡게 한 것이라고 짐작하고
기분이 상해서 식사를 하지 않고 돌아가려고 했다.
맹상군이 일어서서 몸소 자신의 밥그릇을 들어 손님의
것과 비교해 보이자 손님은 부끄러워 스스로 목숨을
끊었다.

인재는
평범한 얼굴에
숨어 있다

그러나 신릉군만이 깊은 산과 계곡 속에 숨어 사는
사람들과 만났고, 신분이 낮고 천한 사람들과 사귀는 것을
부끄럽게 여기지 않았다.

然信陵君之接巖穴隱者, 不恥下交.

— 「위공자열전」

■ 『사기열전』에는 사마천이 발품을 팔아 가며 취재해서 쓴
자료가 전국시대 사공자를 중심으로 해서 많은데, 이 말은
위나라 공자 무기(無忌)에 관한 논평의 일부다.

　무기는 위나라 소왕(昭王)의 막내아들이자
안희왕(安釐王)의 배다른 동생으로 신릉군이라고 불렸다.
신릉군은 인재는 다양한 곳에 널려 있고, 평범한 얼굴에
숨어 있다는 것을 간파해서 실천했다. 군주가 사람을
쓴다는 것은 그의 재능만을 탐하는 게 아니라 인간적인
사귐과 다름없는 것이라는 것도 보여 주었다. 이런 처신은
제후들뿐만 아니라 한고조에게도 감동을 주어 고조는
대량을 지날 때마다 백성들을 시켜 신릉군을 제사 지내게
하고, 그 제사를 끊이지 않게 했다.

나를
보여 주는
거울은 많다

그 사람을 알지 못하면 그의 친구를 보라.

不知其人, 視其友.

— 「장석지·풍당열전」

━━ 장석지와 풍당 두 사람에 대해 사마천이 총평한 것인데
이들의 덕은 치우치지도 않고 파당도 만들지 않으며
넓디넓었다는 것이다.

친구는 나의 거울이고 주변 사람들이 곧 자신이다.
그러니 「전숙열전」에서 현명한 대부로 널리 알려진
조우(趙禹)가 장군의 사인으로 쓸 사람을 열 명이나 면접
봐도 적임자가 없자 "그 임금을 알지 못하면 그가 부리는
사람을 보고, 그 아들을 알지 못하면 그 아들이 사귀는
벗을 보라.〔不知其君視其所使, 不知其子視其所友〕"고 말하기도 한
것이다. 조우는 100명을 면접한 끝에 임안(任安)과 전인(田仁)
두 사람을 발견하고 나머지 98명을 돌려보냈다.

나쁜 일을
하는 자는
패망한다

착한 일을 하는 자에게는 하늘이 복으로 갚아 주고
나쁜 일을 하는 자에게는 하늘이 재앙으로 되갚아 준다.

> 爲善者, 天報之以福;
> 爲非者, 天報之以殃.

— 「오왕비열전」

■ 일찍이 얼굴에 모반의 상이 있다는 관상 평을 받은 오왕 비가 반란을 일으켰다가 군사가 격파되어 달아나자, 천자가 장군들에게 조서를 내렸는데 그중에 나오는 말이다.

오왕 비는 모반의 상이 있어서 모든 황제들의 경계 대상이었다. 오왕은 초기에는 구리가 나는 산에서는 화폐를 주조하고 바닷물을 끓여 소금을 만드는 등 나라를 잘 다스렸다. 그런데 그의 아들이 황태자와 장기를 두다가 다투어 앞날이 캄캄해지자, 결국 월나라와 가까이 지내며 때를 보던 중 한 경제 3년 정월에 광릉(廣陵)에서 군대를 일으켰다. 서쪽으로 회수를 건너서 강력한 세력의 초나라 군대와 합류하더니 결국 6개국과 함께 반란을 크게 일으킨다.

그러나 반란은 성공하지 못하고 오왕 역시 스스로 목숨을 끊어 비극적 최후를 마치게 된다.

미래가
없으면
투신하지 말라

그대가 빨리 한나라에 항복하지 않으면, 한나라가 지금
그대를 사로잡을 것이오. 그대는 한왕의 적수가 못됩니다.

若不趣降漢, 漢今虜若, 若非漢敵也.

— 「항우본기」

■ 어사대부 주가(周苛)가 자신을 포섭하려는 항우에게
욕설하면서 저주하듯 한 말이다. 항우는 본래 주가에게
종공(樅公), 위표(魏豹) 등과 함께 형양을 지키도록 했으나
주가는 갈수록 항우가 천하를 통치할 그릇이 못됨을
알고 회의적인 태도로 변해 갔다. 결국 종공과 상의하여
유방에게 협조적인 자세를 보였다. 그러던 중 갑자기
항우에게 유리한 국면이 조성되었다. 항우는 괘씸한 주가가
점령하고 있는 형양성을 함락하고 주가를 생포하게 된다.
그러나 항우는 주가의 재주가 꼭 필요했다. 그만큼 당시
그에게는 인재들이 드물었다. 항우는 주가에게 상장군의
지위와 3만 호의 봉읍을 주겠다는 제안을 던졌다. 이
정도의 아량과 대접을 해 주면 충분할 것이라고 생각했다.
그런데 주가에게서 되돌아온 것은 저주와 같은 앞의
말이었다.

그러자 항우는 화가 머리끝까지 치밀어 올라 주가를
삶아서 죽이고 공모자인 종공의 머리도 베어 버렸다.
결과적으로 볼 때 주가의 예측은 정확했다. 그의 판단엔
너무나 비극적인 정확성이 있었고, 그것을 소신 있게 말할
줄 아는 용기가 있었다.

사소한 데
신경 쓰지
말라

큰일을 함에 있어서는 자질구레한 예절은 신경 쓰지 않는
법이요, 큰 예절을 행함에는 작은 허물을 사양치 않는
것입니다. 그런데 지금 저들은 바야흐로 칼과 도마가 되고,
우리는 그 위에 놓인 물고기의 신세가 되었는데 무슨
인사말을 하시려 합니까?

> 大行不顧細謹, 大禮不辭小讓.
> 如今人方爲刀俎, 我爲魚肉, 何辭爲?
>
> ─「항우본기」

━━ 홍문연에서 칼춤을 추는 적의 손아귀에서 벗어나지
못하고 위기에 빠진 패공 유방을 용기와 기백으로 구해 낸
번쾌(樊噲)의 말이다.

항우에게 하마터면 목숨을 잃을 뻔한 유방이 오히려
급히 빠져나오느라 인사도 제대로 못하고 온 것을
찜찜해하자 답답해서 핀잔을 준 것이다. 기어이 유방은
장량을 남겨 항우에게 "술에 취해 먼저 갔다."는 사죄의
인사를 하고 빠져나오게 한다. 당시 유방의 행동은 큰일을
하는 사람이 할 일이 아니었다. 상대편이 자신을 적으로
단정 지은 후에야 그 사실을 깨닫게 되면 그것은 이미 늦은
것이고, 깨달은 후에도 예전의 상하 관계에 얽매인다면
그것은 갈지자 행보에 불과한 것이다. 이러한 아둔함에도
유방이 천하를 제패할 수 있었던 것은 그의 단점을 메워
주는 희생적인 인재들을 옆에 두었기 때문이다.

교만은
교만에
당한다

역시 가난하고 천한 사람만이 남에게 교만하게 굴
뿐입니다. 제후가 남을 교만하게 대한다면 그 나라를
잃을 것이며, 대부가 남에게 교만하게 굴면 제 집을 잃을
것입니다.

亦貧賤者驕人耳. 夫諸侯而驕人則失其國,
大夫而驕人則失其家.

— 「위세가」

위문후 때의 장수 자격(子擊)이 유독 학문을 좋아했던 위나라 문후(文侯)의 사부 전자방(田子方)을 만났을 때의 일이다.

자격이 수레를 비키게 하고, 수레에서 내려 그를 배알했으나 오만한 전자방이 답례조차 하지 않자, 자격은 "부귀한 사람이 남을 교만하게 대합니까? 아니면 빈천한 사람이 남을 교만하게 대합니까?"라고 말했다. 앞의 인용문은 이에 대한 전자방의 대답이다.

이것은 일종의 풍자로서, 자격이 몇 년 전부터 다른 나라를 침략하면서 자주 전쟁을 일으켜 백성들을 불안하게 하는 것을 비꼰 것이다. 이 말을 들은 자격은 불쾌하게 생각하여 자리를 떠나 버렸다.

잊으면
안 될 것과
잊어야 할 것

세상일에는 잊어서는 안 될 것이 있고, 또 잊지 않으면 안 되는 것이 있습니다.

物有不可忘, 或有不可不忘.

— 「위공자열전」

■ 조나라 효성왕이 위공자의 계략에 힘입어 조나라를
보존하게 된 것을 고맙게 여겨 위공자에게 다섯 개의 성을
봉읍으로 주려 한다는 소식이 있었다. 위공자가 이를 듣고
자만하는 기색을 보이자 한 빈객이 위공자에게 해 준
말이다.

남이 베푼 은혜는 기억하고 다른 사람에게 베푼 은덕은
잊어버리라는 말이다.

위공자는 이 말을 듣고는 부끄러워 어쩔 줄을 몰랐다.
그래서 태도를 바꿔 더할 나위 없이 겸허한 태도로
효성왕을 대하니 효성왕은 다섯 개의 성을 바치겠다는
말을 꺼내지 못하고 약간의 봉읍을 주는 것으로 사례했다.
위나라 역시 신릉(信陵)에게 위공자의 봉읍으로 주었다.

위공자가 겸손하게 처신하고 받은 딱 그만큼의 봉토가
효성왕과 위왕이 나중에 후회하지 않을 만큼의 진심이라는
걸 엿볼 수 있다.

대가를
바라지 않는
선비 정신

천하에서 선비가 귀하게 여겨지는 까닭은 다른 사람의
걱정거리를 덜어 주고 재앙을 없애 주며 다툼을 풀어
주고도 보상을 받지 않기 때문입니다. 만일 보상을
받는다면 이것은 장사꾼의 행위입니다. 저는 이런 짓은
차마 할 수 없습니다.

> 所貴於天下之士者,
> 爲人排患釋難解紛亂而無取也. 卽有取者,
> 是商賈之事也, 而連不忍爲也.

— 「노중련·추양열전」

━━ 조나라의 평원군이 노중련에게 세운 공적에 따라
봉지(封地)를 내리려 했으나 끝내 받지 않은 노중련이
술자리에서 한 말이다.

　　노중련은 제나라 출신으로 고상한 품성으로 이름을
떨친 인물이다. 권력과 부를 경시하면서도 획기적인 계책을
잘 썼지만, 벼슬에는 나갈 마음이 없어 고상한 절개를
지키고 살았으며 고고한 자세를 잃지 않았다. 그의 선비
정신은 한 나라를 위기에서 구해 주고도 일체 그 대가를
바라지 않을 정도로 단호했다.

험담하는
자를
눈여겨보라

신이 듣건대 옛날의 군자는 사람과 교제를 끊더라도 그
사람의 단점을 말하지 않고, 충신은 그 나라를 떠나더라도
자기의 결백을 밝히려고 군주에게 허물을 돌리지 않는다고
합니다.

臣聞古之君子, 交絶不出惡聲, 忠臣去國,
不絜其名.

— 「악의열전」

■ 전국시대에 활약한 연(燕)나라의 무장 악의가 왕에게 보낸 편지에 쓴 말이다.

정치적 혼란으로 어지럽던 당시에는 음해하고 모략하는 일이 다반사여서 충신의 목숨이 간신의 혀에 농단되는 일이 끊이지 않았다. 당시 제나라 첩자가 연나라에 들어와 악의를 음해했는데, 그는 왕이 주변 신하들에 현혹되어 제대로 정치를 못하게 될까 근심이 되어 이와 같이 말했다. 양심을 팔아 가며 자신을 세우는 사람이 없는지 눈여겨봐야 할 것이다.

아부와 임기응변의 차이

그 위로는 밝은 군주가 있고 아래로는 법령이 갖추어져
있어, 사람들은 각자 자신의 직업에 충실하고 사방에서
사람들이 모여들고 있는데, 어찌 감히 반란을 일으키는
자가 있겠습니까! 이것은 단지 쥐나 개가 물건을 훔쳐 가는
것에 지나지 않습니다. 어찌 이야기할 가치가 있겠습니까!
지금 군수와 군위가 그들을 잡아들여 죄를 다스릴 텐데,
어찌 걱정하십니까!

明主在其上, 法令具於下,
使人人奉職, 四方輻輳, 安敢有反者!
此特羣盜鼠竊狗盜耳, 何足置之齒牙閒.
郡守尉今捕論, 何足憂!

— 「유경·숙손통열전」

■ 한고조를 도와 조정의 예식을 완비한 숙손통의 말이다.
숙손통은 한고조를 만나기 전 여러 나라의 신하를
거쳤는데, 그만의 생존 노하우가 독특했기 때문이다. 앞의
인용문이 숙손통의 대표적인 위기 대처술로 나오게 된
경위는 이렇다.

　　숙손통은 설(薛) 땅 사람으로 진나라 때에는
문학(文學)으로 불려와 박사로 임용되었다. 여러 해 뒤에
진승이 산동에서 반란을 일으키고 나라가 곧 망할 것
같았다. 진나라 2세 황제는 박사 30여 명과 학자들을 불러
모았다. 학자들은 한결같이 "남의 신하된 자는 사사로이
병사들을 가져서는 안 됩니다. 만약 소유한다면 그것이
바로 역적이니, 그 죄는 죽어 마땅하며 용서할 수 없습니다.
폐하께서는 급히 군대를 동원하여 그들을 치시기
바랍니다."라고 했다. 그러나 숙손통은 생각이 달랐다.
나라가 망할 정도의 큰 변란이 일어났는데 신하라는
자들은 직언할 생각을 하지 않고, 황제 또한 현실이 어떻게
돌아가는지 전혀 감도 못 잡고 있다. 진의 종말을 예감한
그는 위와 같은 감언이설로 황제를 진정시키고 궁궐을
나와 곧장 줄행랑을 쳤다. 그러니 이것은 단순한 아부가
아니라 잠깐 의식을 마비시키는 마취액과 같은 말이라
하겠다. 이런 식의 임기응변이 필요할 때가 있다.

곧은길은
굽어보인다

너무 곧은 것은 굽어보이고, 길은 본래 뱀처럼
꾸불꾸불하다.

大直若詘, 道固委蛇.

—「유경·숙손통열전」

━━ 숙손통에 대한 사마천의 논평이다.

도가의 지혜와 능력을 갖춰 말과 용모를 살피기에 뛰어났고 세상 돌아가는 이치에 밝았던 숙손통이 시세의 변화에 맞추어 나아가고 물러나는 절차를 바꿔서 마침내 한나라 유학의 종정이 된 이유를 그 사고의 유연성에서 찾은 것이다.

말이 억양의 굴곡과 액센트의 강약에 실려서 의미를 전하듯이, 숙손통의 삶은 자칫 변절자의 것으로 비칠 수 있으나 우리에게 무언가를 전한다. 삶의 본질을 길의 리듬으로 비유한 명언 중의 명언이다.

고고함의
기술

천리마는 지친 노새와 네 마리의 말이 될 수 없으며,
봉황은 제비나 참새와 무리를 지을 수 없습니다. (이와
마찬가지로) 어진 사람은 또한 어리석은 사람과 항렬을
함께하지 않습니다. 그러므로 군자는 몸을 낮추어
사람들의 눈에 띄지 않는 곳에 살며 무리들을 피하고,
스스로 몸을 숨겨 사람을 피하며, 드러나지 않는 곳에서
덕을 보여 주고, 많은 재해를 제거시켜 사람의 천성을
밝혀 주며, 윗사람을 돕고 아랫사람을 교화시켜 그
공로와 이익이 많게 하지만, 자신의 높은 영예를 구하지는
않습니다. 공들처럼 세속에 부화뇌동하는 무리들이 어찌
장자의 이치를 알 수 있겠습니까!

　　　　　　騏驥不能與罷驢爲駟, 而鳳皇不與燕雀爲羣.
　　　　　　而賢者亦不與不肖者同列.
　　　　　　故君子處卑隱以辟衆, 自匿以辟倫,
　　　　　　微見德順以除羣害, 以明天性, 助上養下,

多其功利, 不求尊譽. 公之等喁喁者也,
何知長者之道乎!

— 「일자열전」

■ 초나라의 점술가로 장안의 동쪽 저잣거리에서 점을 치고
제자들을 길렀던 사마계주(司馬季主)가 점치는 일을 하찮게
여기는 중대부 송충(宋忠)과 한나라 문제 때의 정치가 겸
박사 가의(賈誼)에게 충고한 말이다.

　　이 말을 들은 송충과 가의는 망연자실하여 얼굴이
창백해지고 입을 다문 채, 아무 말도 하지 못했다.
옷깃을 바로 여미고 일어나 두 번 절하고 작별 인사를
한 뒤 정신없이 발을 옮겨 시문(市門)을 나와 겨우 수레에
올랐으나, 수레 앞 가로막대에 엎드려 고개를 떨구고는
숨도 제대로 쉴 수 없었다. 사마계주의 충격 화법은 그만큼
대단했다.

항상
의식을 깨워
경계하라

일어날 때는 반드시 쇠락할 것을 염려하고,
편안할 때는 반드시 위태롭게 될 때를 생각하라.

興必慮衰, 安必思危.

— 「사마상여열전」

처세와 안분에 관한 어록

■ 천자가 사마상여가 올린 글에 화답하는 노래를 지은 것 가운데 일부다.

은나라 탕왕과 주나라 무왕은 지극히 존엄한 지위에 있으면서도 존경하고 삼가는 것을 잃지 않았으며, 순임금은 큰 법칙을 밝혀서 언제나 스스로 되돌아보고 자신의 잘못을 살폈던 것을 두고 한 말이다. 편안하면 곧 불편해하고 더 편안한 것을 좇는 인간들의 입장에서 이 실행은 얼마나 어려운 것인가?

사소한 것도
받지 말라

생선을 좋아하기 때문에 받지 않았소. 지금 〔나는〕
재상이 되었으니 나 스스로 생선을 살 수 있소. 그런데
지금 생선을 받고 벼슬에서 쫓겨난다면 누가 다시 나에게
생선을 보내 주겠소. 나는 그래서 받지 않은 것이오.

以嗜魚, 故不受也. 今爲相, 能自給魚;
今受魚而免, 誰復給我魚者? 吾故不受也.

—「순리열전」

■ 청렴한 재상 공의휴(公儀休)가 노(魯)나라 재상에 있을 때 어떤 빈객이 생선을 선물로 보내니 이를 거절하면서 한 말이다.

공의휴는 노나라 박사로 시작해 타고난 재능과 빼어난 학문으로 재상이 되었다. 법을 준수하고 이치를 따르며 바꾸는 일이 없었으므로 모든 관리들이 스스로 올바르게 되었다. 아울러 남의 녹을 먹는 자는 일반 백성들과 이익을 다투지 못하게 하고, 많은 봉록을 받는 자는 사소한 것도 받지 못하게 했다.

『한비자』의 「고분(孤憤)」 편에 관리의 청렴함에 대한 이야기가 자세히 나온다.

"신하가 벼슬자리를 얻으려고 할 때에, 수양을 닦은 인사는 청렴결백으로 자신을 굳건히 하고, 지혜로운 선비는 일을 처리하는 능력으로써 그 공적을 늘린다. 수양을 닦은 인사는 정조와 결백을 지키며 뇌물로 권력층을 섬기지 않고, 자신의 청렴함에 의지한다. 또 지혜로운 인사는 일을 처리하는 능력으로 법을 왜곡하면서까지 정사를 처리하지는 않는다. 수양이 높고 지혜로운 인사는 군주의 측근들을 섬기지 않고 사사롭게 청탁도 받지 않는다. 잘 처리된 일이 군주와 가까이 지내는 신하들에 의해 무시되고 청렴한 인사의 행동이 비방을 받으면, 수양이 높은 인사나 현명한 인사는 벼슬자리에서 쫓겨나고 군주의 명석함은 가려질 것이다."

길 중앙을
걷지
말라

첫 번째 명에 몸을 숙이고, 두 번째 명에 허리를 굽혀
절하고, 세 번째 명에는 큰절을 한 뒤 받았다. 〔길을 걸을
때는 중앙을 걷지 않고〕 담장 가를 따라 다녀서 누구도
감히 나를 경멸하지 않았다. 이 솥에 풀과 죽을 쑤어서
내 입에 풀칠을 하며 살아왔다.

> 一命而傴, 再命而傴, 三命而俯,
> 循牆而走, 亦莫敢余侮. 饘於是, 粥於是,
> 以餬余口.
>
> ―「공자세가」

━━ 공자의 공손함을 두고 한 말이다.

　　사마천이 기록한 공자의 모습은 이렇다. "공구(孔丘)는 성인의 후손인데, 그 조상은 송나라에 있을 때 멸망당했다. 그 조상 불보하(弗父何)는 원래 송나라의 후계자였으나, 아우 여공(厲公)에게 양보했다. 정고보(正考父)에 이르러 대공(戴公), 무공(武公), 선공(宣公)을 섬길 때, 세 번 명을 받았는데, 매번 명을 받을 때마다 더욱 공손했다고 한다."

인생은
포물선의
법칙

만물이 성해지면 곧바로 쇠약해져 떨어지는 것은
천지의 변하지 않는 이치입니다. 나아가고 물러가는
것, 굽히고 펴는 것이 때에 따라 바뀌는 것은 성인의
영원한 도리입니다. 그래서 '나라에 도가 시행되면
나아가서 벼슬하고, 나라에 도가 시행되지 않으면 물러나
숨는다.'라고 합니다.

物盛則衰, 天地之常數也. 進退盈縮,
與時變化, 聖人之常道也. 故'國有道則仕,
國無道則隱'.

— 「범저·채택열전」

■ 채택이 진나라 범저에게 공을 세웠으니 마땅히 물러나야 한다는 처세의 원칙을 말한 것이다.

　인생은 포물선을 그린다. 모든 사람의 생애를 전부 들여다보아도 같은 포물선이다. 현명한 사람은 자신이 포물선의 정점에 위치한 순간을 잘 감지한다. 세상은 변화하고 쇠락하고 다시 피어난다. 변화에 순응하지 않는 삶은 꺾이게 마련이다. 포물선의 아래쪽에는 또 다른 삶이 나를 기다리고 있지만, 단지 떨어지는 느낌이 싫어서 이를 거부하니 비극이 시작된다.

원칙이 있어야
과감하게
결정한다

지혜로운 자는 때를 거슬러 유리한 때를 놓치지 않고,
용감한 자는 죽음을 겁내어 명예를 훼손시키지 않으며,
충성스런 신하는 자기 한 몸을 앞세워 군주를 뒤로 하지
않는다고 합니다.

智者不倍時而棄利, 勇士不却死而滅名,
忠臣不先身而後君.

— 「노중련·추양열전」

━━ 노중련이 연나라 장군에게 보낸 편지에서 한 말이다. 지혜로운 사람은 과감하게 결단을 내리고, 용감한 사람은 죽음을 두려워하지 않는 법이다. 사느냐 죽느냐, 영예냐 오욕이냐, 부귀냐 천함이냐의 갈림길에 놓여 있을 때 선택할 수 있는 진정한 길이 무엇인지 분명하게 말하고 있다. 평소 지니고 있는 원칙이 분명하게 있어야 어려운 때를 만나 그대로 실행할 수 있다는 것이기도 하다. 본래 세속을 초탈한 책략을 잘 구사하였으나, 벼슬에 뜻을 두지 않고 고상한 절개를 지니고 있었던 노중련은 자신을 붙잡아 두려고 한 평원군의 곁을 떠난 지 20여 년이 지났을 때 이 말을 했다. 그만큼 그는 일관된 자세로 삶을 경건히 닦아 나갔다.

분수대로
자연스럽게
살라

당신이 말하는 성현들은 이미 뼈가 다 썩어 없어지고
오직 그 말만이 남아 있을 뿐이오. 또 군자는 때를 만나면
관리가 되지만, 때를 만나지 못하면 바람에 이리저리
날리는 다북쑥처럼 떠돌이 신세가 되오. 내가 듣건대
훌륭한 상인은 물건을 깊숙이 숨겨 두어 아무것도 없는
것처럼 보이게 하고, 군자는 아름다운 덕을 지니고 있지만
모양새는 어리석은 것처럼 보인다고 하오.

> 子所言者, 其人與骨皆已朽矣,
> 獨其言在耳. 且君子得其時則駕,
> 不得其時則蓬累而行. 吾聞之,
> 良賈深藏若虛, 君子盛德, 容貌若愚.
>
> ─「노자·한비열전」

━━ 공자가 주나라에 머무를 때 노자에게 '예(禮)'에 관해 묻자, 노자가 대답한 것이다. 교만과 지나친 욕망, 위선적인 표정과 끝없는 야심을 버리고 자연스럽게 살아가라는 말이다. 유가에서 말하는 예는 노자가 보기에 자기 분수를 모르고 남을 흉내 내는 한단지보(邯鄲之步)에 불과했다.

『장자(莊子)』의 「추수(秋水)」편에 이런 이야기가 나온다. 조(趙)나라의 대표적인 논리학자 공손룡(公孫龍)은 자칭 자신의 학문과 변론이 천하의 제일이라고 생각하고 있었다. 그러던 차에 장자에 관한 이야기를 듣고는 자신의 변론과 지혜가 그에게 미치지 못하는지 아니면 그보다 나은지 알 수가 없었다. 그래서 위(魏)나라의 공자 위모(魏牟)에게 장자의 도를 알고 싶다고 했다.

위모는 의자에 기댄 채 한숨을 쉬고는 하늘을 우러러 웃으면서 우물 안의 개구리가 밖의 세상을 볼 수 없고, 가느다란 대롱 구멍으로 하늘을 보고 송곳을 땅에 꽂아 그 깊이를 재는 꼴이라며 비웃고는 이렇게 말했다. "자네는 저 수릉(壽陵)의 젊은이가 조나라의 서울인 한단(邯鄲)에 가서 그곳의 걸음걸이를 배웠다는 이야기를 듣지 못했는가? 그는 채 그 나라의 걸음걸이를 배우기도 전에 옛 걸음걸이마저 잊어버렸으므로 기어서 돌아올 수밖에 없었네. 지금 자네도 장자에 이끌려 여기를 떠나지 않고 있다가는 그것을 배우지 못할 뿐만 아니라 자네 본래의 지혜와 자네의 일마저 잃게 될 걸세."

저절로
샛길이
생기는 이유

전해 오는 말에 '자기 몸이 바르면 명령하지 않아도
시행되며, 자기 몸이 바르지 못하면 명령을 해도 따르지
않는다.'고 하는데, 아마도 이장군을 두고 하는 말인가?
나는 이장군을 본 적이 있는데, 시골 사람처럼 투박하고
소탈하며 말도 잘하지 못했다. 그가 죽는 날 그를 알든지
모르든지 세상 사람들 모두 슬퍼했으니, 그의 충실한
마음씨가 정녕 사대부의 신뢰를 얻은 것인가? 속담에
'복숭아나 오얏은 말을 하지 않지만 그 밑에는 저절로
샛길이 생긴다.'고 하였다. 이 말은 사소한 것이지만 큰
이치를 설명할 수 있으리라.

> 傳曰'其身正, 不令而行; 其身不正,
> 雖令不從'. 其李將軍之謂也?
> 余睹李將軍悛悛如鄙人, 口不能道辭.
> 及死之日, 天下知與不知, 皆爲盡哀.
> 彼其忠實心誠信於士大夫也?

諺曰'桃李不言, 下自成蹊'
此言雖小, 可以諭大也.

— 「이장군열전」

■ 사마천이 한나라 장군 이광(李廣)을 총평한 것으로 이광의
인물됨과 그의 처세 원칙을 말한 것이다. 덕이 있는 자는
잠자코 있어도 그 덕을 사모하여 사람들이 따른다는
뜻이다.

　활쏘기의 명수 이광은 전한 시대 흉노와 70여 차례 벌인
싸움에서 혁혁한 공을 세워 비장군(飛將軍)으로까지 불린
장수로서 공적에 비해 벼슬은 구경에 불과했다. 특히 그의
재능을 시기하여 일부러 불리한 위치에 두고 전투하게
하는 당시의 시대적 상황에 대해 사마천은 개탄한다. 이
편에서 사마천은 이광의 재능을 한껏 서술하면서, 다른
한편으로는 그의 불행에 대해 깊은 동정과 비분강개한
마음을 표현하였다.

　이기적이지 않은 지도자를 사람들은 진심으로 존경하는
법이다.

시대의
흐름을
감지하라

당신들은 참으로 고루한 선비라 시대의 변화를
모르는군요.

若眞鄙儒也, 不知時變.

━━ 숙손통이 노나라 선비들을 찾아가 자신과 함께 한나라
예악을 만들어 보자고 했다. 협조를 거부하는 선비 두
명이 "예악이란 100년 동안 덕을 쌓은 뒤에야 일어날
수 있습니다."라며 숙손통의 일이 예법에 어긋난다고
비판하자 숙손통이 비웃으면서 한 말이다.

그는 나머지 30명의 선비들만 데리고 와 그의 제자
100여 명과 함께 천하의 제도를 정비하는 데 온 힘을
기울여 한나라의 국가 기틀을 확고히 했다.

옛 가르침은 끊임없이 현실에 적용해서 그 가치가
온전한지를 시험해 보아야 한다. 숙손통이 몸소 그것을
보여 줬다.

높을수록
편한 것과
위태로운 것

도란 높을수록 더욱 편하지만, 권세는 높을수록 더욱
위태롭다. 혁혁한 권세를 가진 자리에 있으면 몸을 망치는
날이 장차 오게 마련이다.

> 道高益安, 勢高益危. 居赫赫之勢,
> 失身且有日矣.

─「일자열전」

━━ 은둔자 사마계주의 충고를 듣고 나서 사흘 뒤, 조정에서
일하는 송충과 가의는 궁궐 문밖에서 마주쳤다.

두 사람은 서로 잡아당겨 다른 사람을 피해 대화하다가
서로 스스로를 탄식하며 이와 같이 말했다. 이들은 세상의
이치를 알아가는 듯했다. 그러나 어찌하랴? 생각만 그러할
뿐 권력에서 몸을 빼낼 수 없을 만큼 깊이 들어가 있는
상태였던 것을.

권력에
의지하지
말라

권력에 의지해서 이익을 도모하면, 권세와 이익이 없어지고
서로의 관계도 멀어진다.

以權利合者, 權利盡而交疏.

— 「정세가」

▬ 사마천이 속담을 인용해 논평한 것이다. 정나라의 보하(甫瑕)라는 자가 정자(鄭子)를 살해하고 정여공(鄭厲公)을 다시 옹립했지만, 여공은 끝내 맹서를 저버리고 그를 살해했다. 이것이 권력의 속성임을 보하는 왜 몰랐냐는 것이다.

배신과 잔인한 짓을 통해 권력은 유지된다. 그러나 잔인한 수단으로 유지되는 정권은 한 치의 틈만으로도 곧바로 방어벽이 무너져 파멸한다.

임시방편을
경계하라

여우 가죽옷이 해어졌다고, 누런 개가죽으로 기우면 안
됩니다.

狐裘雖敝, 不可補以黃狗之皮.

— 「전경·중완세가(田敬仲完世家)」

섭리에 관한 어록

━━ 명실상부(名實相符), 즉 이름과 내용이 서로 부합해야
한다는 말이다. 순우곤이 추기자(騶忌子)에게 충고한 것으로
군자와 소인배가 섞이지 말도록 하라는 의미를 담고
있다. 임시방편의 발상은 결국에는 화가 되어 자신에게
돌아온다는 것을 충고한 것이기도 하다. 근본을 해칠
수 있는 잡다한 조치들은 결국 국가의 경영을 방해하는
것이지 이로써 통치가 확고해지는 것은 아니다.

낮추지
않으면
위험해진다

총명하고 깊게 관찰하는 사람에게는 죽음의 위험이
따르는데 〔이는〕 남을 잘 비판하기 때문이요, 많은 지식을
지니고 재능이 뛰어난 사람은 그 몸이 위태로운데 〔이는〕
남의 결점을 잘 지적하기 때문입니다. 사람의 자녀 된 자는
자신의 존재를 내세우지 않고, 사람의 신하된 자는 임금
앞에서 자기를 내세우지 않아야 합니다.

> 聰明深察而近於死者, 好議人者也.
> 博辯廣大危其身者, 發人之惡者也.
> 爲人子者毋以有己, 爲人臣者毋以有己.
>
> ―「공자세가」

━━ 노나라 군주가 공자에게 예물을 줘서 당시의 은자이자
현자인 노자를 만나 보도록 주선했다. 노자는 공자에 대해
매우 비판적이었고, 마지막에 공자를 배웅하면서 이와
같이 말했던 것이다.

노자를 만나고 온 공자는 제자들에게 노자야말로
구름 같은 존재라며 그를 추켜세웠다. 물론 제자들은 이
말의 의미를 제대로 알지 못했으나 노자라는 거물의 존재
의의를 분명히 깨닫게 되었다.

하늘의 뜻에
거슬리지
말라

사람이 많으면 한때 하늘도 이길 수 있지만, 하늘의 뜻이
정해지면 또 사람을 깨뜨릴 수 있다.

人衆者勝天, 天定亦能破人.

─「오자서열전」

■ 초나라와의 원한 때문에 반드시 초나라를 뒤엎고 말겠다는 다짐을 한 오자서가 뜻을 이룬 뒤 자신이 모셨던 초나라 평왕(平王)의 무덤을 파헤쳐 그의 시신을 300번이나 채찍질한 뒤에야 그만뒀다. 그때 이 서슬 퍼런 오자서의 복수심을 전해들은 신포서(申包胥)가 사람을 보내 이와 같이 말했다. 하늘의 뜻에 어긋나는 행위를 했다고 타박 놓은 것이다. 그러자 오자서는 그에게 사람을 보내 "나를 대신해서 신포서에게 사과하고, '해는 저물고 갈 길은 멀어 천리를 좇을 수 없었소.'라고 전해 주게."라고 했다.

원한을
심지
말라

반드시 나의 무덤 위에 가래나무를 심어 왕의 관을 짤
목재로 쓰도록 하라. 아울러 내 눈을 빼내 오나라 동문에
매달아 월나라 군사들이 쳐들어와 오나라를 멸망시키는
것을 똑똑히 볼 수 있도록 하라.

> 必樹吾墓上以梓, 令可以爲器;
> 而抉吾眼縣吳東門之上,
> 以觀越寇之入滅吳也.

— 「오자서열전」

■ 오자서가 자살하기 전에 오나라 왕 부차에게 저주한
말이다. 눈알이 빠진 귀신이 될 오자서가 죽은 오나라
왕의 시체를 끌어안고 목을 조르는 장면이 떠올라 모골이
송연해진다. 이 말을 들은 오나라 왕은 화가 머리끝까지
나서 그의 시체를 가져다가 말가죽으로 만든 자루에 넣어
강물에 내던져 버렸다. 귀신이 되어서도 빠져나오지 못하게
했던 것일까? 오나라 사람들은 그를 가엾게 여겨 강
언덕에 사당을 세우고 서산(胥山)이라고 불렀다. 말가죽과
관련해 마혁과시(馬革裹尸)란 말이 있다. 즉 말가죽으로
시체를 싼다는 뜻으로 전쟁터에 나가는 용장(勇將)의
각오를 비유한 말이다. 말가죽은 고대에 여러 가지 비유로
많이 사용되었다. 이런 역사적인 의미도 있는 셈이다.

기준이
달라지면
공신도 죽는다

자〔尺〕에도 짧은 데가 있고, 치〔寸〕에도 긴 데가 있다.

尺有所短, 寸有所長.

— 「백기 · 왕전열전」

━━ 『초사(楚辭)』의 「복거(卜居)」 편에 나오는 구절인데, 사마천이 백기(白起)를 두고 총평하며 인용했다.

백기는 전국시대 진나라의 유명한 장수로 공손기(公孫起)라고도 한다. 전쟁에서 여러 차례 승리해 한·조·위·초 등의 영토를 빼앗았다. 진나라 소왕 29년에는 초나라 수도 영을 공격해 무안군으로 봉해졌으나 결국 범저의 시기를 받아 죽게 된다.

백기처럼 혁혁한 공을 세우고도 역적으로 몰릴 수 있다는 것은 세상일은 경우에 따라 그 해석 방식이 달라질 수밖에 없다는 것을 말해 준다.

섭리대로
맡겨라

해는 중천에 오르면 반드시 옮겨 가고, 달은 차면 반드시
이지러지며, 선왕의 도는 때로는 있다가도 때로는
없어집니다.

日中必移, 月滿必虧; 先王之道, 乍存乍亡.

— 「일자열전」

■ 사마계주가 송충과 가의에게 충고한 말이다. 세상은 섭리대로 가는 것이니 너무 조급해할 것도 없고 너무 앞서 나갈 필요도 없다는 것이다.

가의는 전한 시기의 문학가이며 정치 평론가이다. 어려서부터 문재를 떨쳤으며, 20세 때 한 무제의 부름을 받아 박사(博士)가 되었고 후에 대중대부(大中大夫)로 승진했다. 그는 여러 차례 상소를 올려 제후 왕의 세력을 약화시키고 농업을 근본으로 세워 떠도는 백성들을 논밭으로 돌아가도록 하고 흉노의 침략을 막자고 건의했다. 「과진론(過秦論)」, 「치안책(治安策)」, 「조굴원부(弔屈原賦)」 등을 지었다. 나중에 양회왕의 태부가 되었는데 양회왕이 낙마하여 죽자 비통해하다가 울분을 끌어안고 33세에 생을 마감했다. 공을 세우고 뜻을 펴려는 조급함이 그의 죽음을 재촉했던 것이 아닐까.

불가항력을
받아들여라

그러므로 밝은 눈에도 보이지 않는 것이 있고, 밝은 귀에도
들리지 않는 것이 있다. 사람이 비록 현명해도 왼손으로
네모를 그리면서 오른손으로 동그라미를 그릴 수는 없다.

是故明有所不見, 聽有所不聞; 人雖賢,
不能左畫方, 右畫圓.

— 「귀책열전」

━━ 송나라 원왕(元王)은 점쟁이이자 박사인 위평(衛平)을 옆에
두고 세상을 비교적 잘 다스렸다. 이때 누군가가 앞과
같이 말했다. 당시 현명한 왕과 성스런 군주들은 거북을
죽여 그 껍데기를 불에 태워 점을 치면서 길흉을 점치는
것이 하나의 통치 행위였다. 『주례』에도 태복(太僕)이라는
관직 이름이 보이는 것을 보면, 은나라와 주나라에 아주
성행했다는 것을 알 수 있다. 아무래도 신권에 의탁하여
하늘의 명을 받아 운명을 재단하려고 한 의도에서 나온
듯하다. 물론 그 방식은 저마다 달랐는데 고대 중국인들의
의식 세계는 우주 자연이란 단순히 물리적인 것이 아니고
정신적이고 생명적인 기를 포괄하는 것으로 여겼기
때문에, 이 같은 원칙 위에서 전문적인 점술 이론을
발전시켰고, 점술가라는 전문 직업인마저 배출시켰던
것이다.

　현자에게도 능력의 한계가 존재하므로 때로는 점술에
의지해 세상사를 판단해 보라는 의미가 담긴 말이다.
적어도 세상사는 어떤 불가항력적인 요소가 자리 잡고
있다는 것이다.

모든 것에는
흠결이
있다

황금에도 흠이 생기고 백옥에도 티가 생길 수 있다.
일에는 빨리 해야 할 것과 서서히 해야 할 것이 있으며,
사물에는 〔단점에〕 구속되는 경우와 〔장점에〕 의지하는
경우가 있으며, 그물에는 촘촘한 것과 성긴 것도 있다.
〔마찬가지로〕 사람에게는 잘하는 점도 있고 못하는 점도
있다. 어떻게 하는 것이 모두 옳을 수 있으며 사물 또한
완전할 수 있겠는가? 하늘도 오히려 완전하지는 못하다.
그러므로 세상에서 집을 지을 때는 기와를 석 장 모자라게
덮어 하늘의 완전하지 못함에 맞춘다. 천하에는 등급이
있고, 만물은 완전하지 못한 채로 나온다.

黃金有疵, 白玉有瑕. 事有所疾,
亦有所徐. 物有所拘, 亦有所據.
罔有所數, 亦有所疏. 人有所貴,
亦有所不如. 何可而適乎? 物安可全乎?
天尙不全, 故世爲屋, 不成三瓦而陳之,

以應之天. 天下有階, 物不全乃生也.

—「귀책열전」

■ 송나라의 원왕 때 누군가가 한 말이다. 원왕은 귀갑을
싸리나무 가지로 태워 점을 쳤다. 귀갑을 태우면 그 거북의
등딱지 위에 하나의 모양이 나타났다. 줄이 서로 엉키고
무늬는 조화를 이루었다. 복공(卜工)에게 이것을 점치게
하면, 말하는 것마다 모두 맞았다. 그래서 나라의 귀중한
보물로 간직했는데, 이 사실이 이웃 나라에까지 알려졌다.
또 소를 죽인 뒤 그 가죽을 벗겨 정나라에서 나는
오동나무에 씌워 북을 만들자, 풀과 나무가 각각 흩어져
무장한 군사로 바뀌었다. 싸우면 이기고 치면 빼앗는 데
원왕을 따를 사람이 없었다.

　　살다 보면 우연의 일치가 계속될 때가 있고, 좋은 일이
연이어 벌어질 때가 있다. 오만하고 자기중심적인 인간은
이것이 모두 자기가 잘난 탓이라고 생각한다. 거북점이
숭배되는 것도 이러한 이치다. 세상에 완벽한 것은 없다.
좋은 일이 이어질수록 더욱 대비하고 몸을 가지런하게
해야 한다.

결국
되돌아온다

사물은 한쪽 끝까지 가면 되돌아간다. 겨울과 여름도 이런
이치이다.

物至則反, 冬夏是也.

—「춘신군열전」

섭리에 관한 어록

━━ 춘신군(春信君) 황헐(黃歇)이 진나라 소왕을 달래는 가운데
나온 말이다. 황헐은 일찍이 초나라 회왕이 꾀임에 빠져
진나라로 들어갔다가 속아서 그곳에서 죽는 것을 보았다.
경양왕(頃襄王)은 그의 아들이었으므로 진나라가 그를
업신여기는 것이 자못 심했다. 황헐은 진나라가 한번
병사를 일으키면 초나라가 망하게 될 것만 같아 두려워,
진나라 소왕에게 "당신네 나라가 영원한 강국일 것
같으냐?"는 논리로 설득했다.

사물의
극점을
관찰하라

사람들은 각각 저마다의 능력에 따라 그 힘을 다해 원하는
것을 얻는다. 그러므로 물건 값이 싸다는 것은 장차 비싸질
조짐이며, 값이 비싸다는 것은 싸질 조짐이다. 각자가 그
생업에 힘쓰고 즐겁게 일하는 것이 마치 물이 낮은 곳으로
흐르는 것과 같으며, 물건은 부르지 않아도 밤낮으로 쉴 새
없이 절로 모여들고, 구하지 않아도 백성들이 만들어 낸다.
〔이것이야말로〕 어찌 도와 부합하고 자연 법칙의 징험이
아니겠는가?

> 人各任其能, 竭其力, 以得所欲.
> 故物賤之徵貴, 貴之徵賤, 各勸其業,
> 樂其事, 若水之趨下, 日夜無休時,
> 不召而自來, 不求而民出之.
> 豈非道之所符, 而自然之驗邪?
>
> ― 「화식열전」

섭리에 관한 어록

— 농부들은 먹을 것을 생산하고, 어부와 사냥꾼은 물건을 공급하며, 기술자는 이것으로 물건을 만들고, 장사꾼은 이것들을 유통시킨다.

자연스럽게 흐름에 맡기는 것이 중요하다. 그래서 사마천은 "빈부의 도란 빼앗거나 안겨 주어서 되는 것이 아니다."라고 명확하게 선을 긋는다. 인위적인 요소를 통해 흐름을 변화시키면 일이 뒤엉키고 좋은 결과가 있더라도 지속되지 못한다.

맞지
않으면
의심해 보라

훌륭한 농부가 씨 뿌리기를 잘한다고 해서 잘
거두어들이는 것은 아니고, 훌륭한 장인이 기교를 부려도
순조롭게 하는 것은 아니다. 군자가 그 도를 닦아서 기강을
세우고 계통 있게 다스릴 수는 있더라도 받아들여지는
것은 아니다.

良農能稼而不能爲穡,
良工能巧而不能爲順. 君子能脩其道,
綱而紀之, 統而理之, 而不能爲容.

— 「공자세가」

섭리에 관한 어록

■ 공자가 자공에게 신세를 한탄하며 들려준 말이다. 자신의 처지를 "코뿔소도 아니고 호랑이도 아닌데 광야를 누비고 있다.〔匪兕匪虎, 率彼曠野〕"고 빗대며 자조했지만, 공자는 언젠가 군주에게 인정받아 포부를 펼칠 수 있을 것이라는 자부심을 지니고 있었다. 그러나 그런 자부심도 자신이 그토록 애원해 마지않던 벼슬을 얻지 못하면서 심리적 자괴감으로 바뀌어 가고 있었다. 인의를 내세우면서 그 당시 패도 정치를 비판하고 대안을 제시했지만, 그가 정계로 나아가려면 자신의 신념을 일찌감치 포기했어야 했다. 만일 그런 소신을 굽히지 않을 것이라면 하루 빨리 그 생활을 정리하고 제자 양성이라는 길로 들어서야 했다. 공자는 그러지 못했고 그래서 시대 탓을 했다.

아무리 해도 안 되는 것은 나와 맞지 않는 것이니 반드시 의심해 보아야 한다.

누구에게나
삶은
고단하다

하물며 중간의 재능을 가진 사람으로 어지러운 세상의
혼탁한 흐름을 건너자면 얼마나 힘들겠는가? 그들이
재앙을 겪는 경우를 어찌 이루 다 말할 수 있겠는가!

況以中材而涉亂世之末流乎?
其遇害何可勝道哉!

— 「유협열전」

━━ 사마천의 말이다. 우임금도 아우 때문에 우물을 파고
창고를 고치다가 궁지에 몰렸고, 이윤은 욕되게 솥과
도마를 짊어지고 다니며 요리를 했으며, 부열(傅說)은
부험(傅險)이라는 동굴에 숨어 살았고, 여상(呂尙)은
극진(棘津)이라는 나루터에서 곤궁하게 살았으며, 이오(夷吾;
관중)는 수갑과 차꼬를 찬 일이 있고, 백리해(百里亥)는
노예가 되어 소를 치고 살았으며, 공자는 광(匡) 땅에서
위급한 변을 당했고, 진(陳)·채(蔡) 사이에서는 굶주려
얼굴빛이 나빴다.

　　위대한 인물들도 이런 고초를 겪는데 일반 사람들이
겪는 드러나지 않는 비극이 얼마나 많겠는가 하는 질문을
통해 삶의 보편적인 고단함을 갈파하고 있다.

정공법과 기습을 겸하라

세상과 더불어 살다

3부에서는 세상과 더불어 살아갈 때 인재를 보는
안목과 더불어 명예를 지키는 일, 죽음과 맞바꿀
정도로 존엄한 자신이 치열한 삶에서 살아가는
방식을 다루고 있다. 사마천은 힘든 삶을 살아가는
인간에 대해 아주 깊은 동정을 드러내지만 삶의
방식에 대해서는 냉정하고 어조도 분명하다.
『사기열전』의 첫 편에 쓴 「백이열전」을 보면
사마천은 도도히 흐르는 역사 속에서 어찌 할 수
없는 운명에 의해 좌우되는 인간의 보편적 아픔을
안타까움과 온기 어린 시선으로 끌어냈다.
　추양(鄒陽)은 '구불구불 뒤틀린 나무뿌리일지라도
만승의 그릇이 될 수 있다.'는 말로 인재를 알아보는
눈이 있어야 함을 강조했다. 조고가 말을 가리키면서
사슴이라고 한 '지록위마(指鹿爲馬)'의 이야기는 한번
명예를 지키지 못하면 결국 치욕을 당할 것임을
경고하고 있다. 사마천은 '예의의 근본에 이르지
못하면 임금은 임금답지 못하고, 신하는 신하답지
못하며, 아버지는 아버지답지 못하고, 자식은
자식답지 못하다.'고 하면서 예란 법보다 우선되는
근본임을 강조했다.

그러나 어찌 보면 삶과 죽음의 길목을 사이에
둔 전쟁이 난무하는 상황에서 저마다 포부와 이상을
가진 자들이 각축하다 보니 자연스러운 충돌과
갈등은 필연적이리라. 이런 세상을 살아가는 데
필요한 것이 전략이다. 싸움은 상처 없이 이기는
것이 중요하다. 진진(陳軫)은 '호랑이 두 마리를 잡는
기술'을 말하며 계책과 전략이 중요함을 상기시켜
준다.

임기응변의 전략이 세상을 살아가는 데 꼭
필요한 덕목임을 명심하면서도 사마천은 '이익에
따라 행동하면 원한을 사는 일이 많다.'는 말로
눈앞의 이익을 버리라고 충고한다. 때를 가려서
나아가고 물러가는 힘의 안배를 적절히 겸하는 것이
세상을 잘 살아가는 지혜라고 힘주어 말하고 있다.

오만하거나 한때의 승리에 도취하여 옛 현인의
말과 옛 역사의 사례를 배우지 않는다면, 결국
자신의 파멸은 물론 세상에서 살아남지 못할 것임을
기억해야 한다.

시대가
영웅을
만든다

천하에 재해가 없으면 성인이 있다 해도 그 재능을 펼 데가
없으며, 윗사람과 아랫사람이 화합하고 뜻을 모으면 어진
사람이 있어도 공을 세울 수 없다.

> 天下無害菑, 雖有聖人, 無所施其才,
> 上下和同, 雖有賢者, 無所立功.
> ─「골계열전」

▬ 동방삭이 전해 오는 말을 인용해서 한 말이다.
세상의 인재가 힘을 발휘하려면 난세가 되어야
한다는 것이다. 그러고는 곧이어 "시대가 다르면 일도
다르다.〔時異則事異〕"는 말로 마무리했다.

난세에 영웅이 나타난 것은 시대가 영웅을 만든다는
것이다. 진나라의 개혁도 효공과 상앙이 있었기에
가능했고, 소진과 장의가 그 시대를 풍미했던 것도
자신들의 진가를 알아주는 제후들을 만났기 때문에
가능한 것이었다.

널리
구하라

명망 있는 귀족이든, 관계가 먼 사람이든, 숨어 사는
사람이든 모두 추천해 주시오.

悉擧貴戚及疏遠隱匿者.

— 「오제본기」

인재와 능력에 관한 어록

제위를 물려줄 때가 됐다고 판단한 요임금이 사악(四岳)에게 의견을 구했다. 이 말을 들은 사악들은 "민간에 홀아비가 한 사람 있는데, 이름이 우순(虞舜)이라 합니다."라고 하면서 순을 추천했다.

그러나 요임금은 순임금에 대해 잘 알지 못했다. 미심쩍은 마음이 들어 두 딸을 시집보내 그를 시험했고 결국 마음에 들어 천하를 넘겨주었다.

순임금은 자신의 능력을 입증하는 데 성공했고, 그가 이렇게 입증함으로써 군주 자리를 물려받은 경우보다 훨씬 더 쉽게 민심을 얻을 수 있게 되었다.

요임금은 질서의 세계를 동경했고, 그 질서는 능력의 문제로 귀결되었다.

가난할 때
갖지 않으려
하는 것

거처할 때는 그의 가까운 사람들을 살피고, 부귀할 때는 그와 함께하는 사람을 살피며, 영달할 때는 그가 천거한 사람을 살피고, 궁핍할 때는 그가 하지 않는 일을 살피며, 가난할 때는 그가 갖지 않으려 하는 것을 살펴보십시오.

居視其所親, 富視其所與, 達視其所擧,
窮視其所不爲, 貧視其所不取.

— 「위세가」

인재와 능력에 관한 어록

■ 위(魏) 문후가 성자(成子)와 적황(翟璜) 두 사람을 염두에
두고 그중 한 명을 뽑고자 하여 이극(李克)에게 재상의 인선
문제를 물어보았을 때 이극이 제시한 다섯 가지 기준이다.

이 말을 들은 문후는 그 자리에서 성자를 재상으로
정했다. 이에 적황은 이극에게 분노를 표하면서 왜 그런
식으로 언급했냐고 따졌지만 이극이 성자가 훌륭한 이유를
설명하자 결국 승복했다.

앞의 기준들은 한 사람의 속마음이나 진짜 인간됨이
드러나는 결정적 순간을 이극이 포착해 낸 것이다. 영달할
때 그가 천거하는 사람을 보라는 것은 자기 사람을 심느냐
그렇지 않느냐를 보라는 것이다. 궁핍할 때 하지 않는 일은
진짜 싫어하는 혹은 할 수 없는 일일 것이며 그 사람의
사정이 나아져도 그 일은 시킬 수 없다는 말이다.

찾아오는 데는
이유가 있다

당신께서 선비를 좋아한다기에 가난한 이 몸을 당신에게
맡기고자 합니다.

聞君好士, 以貧身歸於君.

—「맹상군열전」

■ 맹상군의 식객 풍환(馮驩)이란 괴짜가 맹상군을 찾아와서
한 말이다. 그는 결국 맹상군의 선택을 받아 식객의 임무를
훌륭하게 수행한다. 특히 주군을 위험으로부터 보호하기
위해 세 개의 굴을 파놓았다는 이야기가 유명하다.

그 당시 맹상군이 자신의 근거지 설(薛; 지금의 산동성 등현
남쪽)의 백성들에게 빌려준 돈을 받지 못할 자와 받을 수
있는 자를 냉철하게 분류하여 천하에 명성을 얻을 수 있는
방안을 마련해 주자 이런 평판에 힘입어 맹상군은 제나라
민왕에게 중용되었다. 그러나 맹상군은 제나라를 비중
있게 만들고도 군주를 능멸할 만한 권력을 휘두른다는
비방을 받고는 그 자리에서 파면되었고 그를 따르던
빈객들도 모두 떠나게 되었으나 설 땅의 백성들은 백 리를
멀다 하지 않고 찾아와 맹상군을 위로해 주었다.

풍환은 진나라 혜왕을 찾아가 예물을 보내 맹상군을
다시 모셔 와야 한다고 했다. 맹상군은 풍환의 계책을 따라
혜왕의 예물을 세 번이나 거절했고, 이것이 민왕의 눈에
띄어 다시 재상 직을 받는다. 이것이 두 번째 굴인 셈이다.

마지막으로 풍환은 맹상군에게 설 땅에 선대의
종묘를 세우도록 했다. 그러면 민왕이 맹상군을 함부로
대하지 못할 것이고, 그의 지위는 더욱 공고해질 것이기
때문이었다. 이것이 세 번째 굴이다.

인재를
잘못 다루면
적을 만난다

천하의 유세하는 선비로서 수레를 몰고 말을 달려 서쪽
진나라로 들어오는 사람 치고 진나라를 강하게 하고
제나라를 약하게 만들려고 하지 않는 자가 없습니다. [또]
수레를 몰고 말을 달려 동쪽 제나라로 들어가는 사람 치고
제나라를 강하게 하고 진나라를 약하게 만들려고 하지
않는 자가 없습니다. 이 [두 나라는] 암수를 겨루는 나라로
형세가 양립하여 둘 다 수컷(雄)이 될 수는 없습니다.
수컷이 [되는 나라가] 천하를 얻게 될 것입니다.

> 天下之游士馮軾結靷西入秦者,
> 無不欲彊秦而弱齊. 馮軾結靷東入齊者,
> 無不欲彊齊而弱秦. 此雄雌之國也,
> 勢不兩立爲雄, 雄者得天下矣.

> ―「맹상군열전」

— 풍환이 진나라 혜왕을 찾아가 천하를 얻는 기술을 말한 것이다. 진나라를 위해 하는 일은 제나라를 약하게 하는 것이고, 제나라를 위한 일은 또 그 반대이니 둘은 맞수인 셈이다. 천하를 양분한 진나라와 제나라를 둘러싼 인재들의 치열한 각축을 엿볼 수 있는 대목이다. 핵심 기술을 빼돌려 맞수 기업에 넘겨주는 현대의 정보 전쟁도 이 시대의 치열함과 그다지 다르지 않다.

인재를 찾는
원칙

신이 듣건대 대부의 집을 번창시킬 인재는 나라 안에서
찾고, 제후의 나라를 번창시킬 인재는 제후국에서
찾는다고 합니다.

> 臣聞善厚家者取之於國,
> 善厚國者取之於諸侯.

—「범저·채택열전」

━━ 양후가 진나라 장군이 되어 장차 한나라와 위나라를 넘어 제나라 강수(綱壽)를 쳐서 도읍(陶邑)을 넓히려고 계략을 꾸미고 있을 때 범저가 진나라 소왕에게 올린 글에 나오는 말이다. 범저는 다른 나라에서 건너온 객경(客卿)이었다. 진나라 출신 텃새들에게 끊임없이 견제를 받아 온 그는 소왕에게 늘 인재 등용의 포용적 원칙을 강조했다. 천하 경영이 화두가 된 시대에는 적절히 어울리는 말이다.

일단 문을
열고 안으로
들여라

손님이 오면 귀천을 가리지 말고 문밖에 세워 두는 일이
없도록 하라.

客至, 無貴賤無留門者.

— 「급·정열전」

━━ 정당시(鄭當時)란 자가 태사(太史)로 있을 때, 문하생들을
주의시키면서 인재를 구하는 원칙을 말한 것이다. 그는
항상 사람들을 골고루 초청하지 못할까 근심했다.
황로(黃老)사상*을 좋아했으며, 덕망 있는 사람들을
사모하면서 그들을 만나지 못할까 두려워했다. 나이는 젊고
벼슬도 낮았으나, 그가 교제하며 알고 지내는 사람들은
대부분 할아버지의 연배이고 천하의 명사들이었다. 한편
정당시의 말은 나를 찾아온 사람들의 심리를 꿰뚫고 있다.
서서 기다려 본 사람들은 안다. 인간이 그 순간 얼마나
복잡한 생각에 빠져드는지를 말이다.

* 　중국 고대의 여러 사상과 신앙을 황제와 노자의 이름으로 융합하여
　정치적으로 재해석해 한 제국 초기 통치의 지침으로 활용한 것을 말한다.
　한나라의 국교인 유학과의 괴리감 때문에 그 보이지 않는 거대한 위상에도
　제대로 된 평가를 받지 못했다. 그런데 이 황로 사상 속에는 중국
　고대인들의 몸과 국가 그리고 천하와 우주 등을 이해하는 핵심이 들어
　있다.

알아보는 눈이
있어야
한다

구불구불 뒤틀린 나무뿌리일지라도 만승의 그릇이 될 수
있다. 무엇 때문이겠는가? 주위 사람들이 먼저 그 모양을
꾸미기 때문이다.

> 蟠伏根柢, 輪囷離詭, 而爲萬乘器者.
> 何則? 以左右先爲之容也.
>
> ― 「노중련·추양열전」

■ 추양(鄒陽)이 양나라 효왕(孝王)에게 올린 글에서 나오는 말이다. 그의 간언은 기본적으로 고금의 충신과 간신, 어리석은 군주와 현명한 군주의 삶을 비교함으로써 참된 의로움을 추구하는 선비를 알아볼 수 있는 눈이 있어야 한다는 것이다. 효왕은 사람을 보내 추양을 풀어 주고 마침내 상객으로 삼았다.

제아무리 요임금과 순임금의 도를 알고, 이윤이나 관중의 말재주를 지니고, 비간(比干)과 같은 뜻을 품고 당대의 군주에게 충성을 다하려 해도, 그를 군주에게 추천해 주는 사람이 없으면 안 되는 것이다.

인재를 쓰는 것이
군주보다
중요하다

안위는 임금의 명령에 달려 있으며, 존망은 〔인물을
어떻게〕 쓰느냐에 달려 있다.

安危在出令, 存亡在所用.

—「평진후 · 주보열전」

■ 주보언(主父偃)이 한 무제에게 올린 간언 중에 나오는 말이다. 황제의 용인술을 지적하고 있다. 그 상소문의 첫 구절은 임금은 못나도 나라가 위태로운 것에 그치지만, 인물을 잘못 쓰면 나라가 망한다는 말로 시작한다. 신하로서 차마 올리기 힘든 이 용기 있는 상소문의 처음은 이렇다.

"신이 듣건대 현명한 군주는 간절한 충고를 미워하지 않고 넓게 의견을 들어 보고, 충성된 신하는 감히 가혹한 벌을 피하지 않고 솔직하게 간언하므로 일에 실책이 없고 공을 만세에 전한다고 합니다. 지금 소신은 감히 충성심을 감추거나 죽음을 피하지 않고 어리석은 계책을 말씀드립니다. 바라건대 폐하께서는 저를 용서하시고 잠시 살펴봐 주십시오."

인재는
덕을 먹고
자란다

1년을 살려거든 곡식을 심고, 10년을 살려거든 나무를
심으며, 백 년을 살려거든 덕을 베풀어라. 덕이란 인물을
두고 하는 말이다.

居之一歲, 種之以穀, 十歲, 樹之以木,
百歲, 來之以德. 德者, 人物之謂也.

—「화식열전」

결국 인물을 키우라는 말이다. 교육은 백년지대계라는 말도 한 인물을 키우는 데 얼마나 많은 힘과 노력이 필요한지 설명해 준다. 당시 시대적 상황이 모든 인물들을 받아들일 만큼 여유롭지 않았지만, 그것은 역설적으로 뛰어난 인물들이 생각의 나래를 펼칠 더 넓은 공간을 마련해 주었다.

감출 수 없는
능력

현명한 군주가 나라를 다스리면 공이 있는 자는 반드시
상을 받을 수 있고, 능력이 있는 자는 반드시 관직을 받을
수 있다. 공로가 큰 자는 그 봉록이 크고, 공이 많은 자는
그 관직이 높으며, 백성을 잘 다스릴 수 있는 자는 그
관직이 크다. 그러므로 능력이 없는 자는 감히 관직을 맡지
못하고, 능력이 있는 자는 또한 그 재능을 감출 수 없다.

明主立政, 有功者不得不賞,
有能者不得不官, 勞大者其祿厚,
功多者其爵尊, 能治衆者其官大.
故無能者不敢當職焉, 有能者亦不得蔽隱.

—「범저·채택열전」

인재와 능력에 관한 어록

■ 양후(穰侯)가 진나라 장군이 되어 장차 한나라와 위나라를 넘어 제나라 강수(綱壽)를 쳐서 도읍을 넓히려고 했을 때 범저가 올린 글에 나오는 말이다.

범저는 곧이어 자신이 한 말의 요지를 부연했는데 "평범한 군주는 사랑하는 자에게는 상을 내리고 미워하는 자에게는 벌을 주지만, 현명한 군주는 그렇지 않아 상은 반드시 공 있는 자에게 주고 형벌은 반드시 죄 있는 자에게 내린다."는 것이었다. 철저한 능력 위주의 사고방식으로 범저는 진나라 천하통일의 기틀을 닦았다.

같아도
다른 것이
능력

만물에는 동류(同類)라 할지라도 그 능력을 달리하는 것이
있다.

物有同類而殊能者.

— 「사마상여열전」

인재와 능력에 관한 어록

■ 사마상여가 한 무제에게 올린 글에 나오는 말이다.
본래 상여는 말은 어눌하였으나 글을 잘 지었다. 평소
그는 소갈병을 앓았지만 탁문군과 결혼하여 재물이
넉넉했다. 벼슬에 나갔으나 일찍이 공경이나 나랏일에는
관여하지 않으려 했고, 질병을 핑계 삼아 한가하게 살면서
관직과 작위를 흠모하지 않았다. 그는 항상 천자를 좇아
장양궁(長楊宮)으로 가서 사냥했는데 앞의 말은 천자가
사냥하다가 화를 입을까 염려하여 올린 글이다.

촉나라 출신인 사마상여는 그 당시 운남성에 살았기
때문에 서이(西夷)에 밝았다. 그가 서이 지역에 도로를
뚫어 개척하게 한 것도 경험적 안목에서 비롯된다. 무제는
사마상여를 중랑장으로 삼아 서이의 족장들을 한 제국으로
끌어들이려는 노력을 하게 된다. 원삭 3년(기원전 126)
사마천이 천하를 여행하려는 시점이었다.

명예로
얼굴을
삼아라

천하에서 현명한 자나 못난 자, 아는 자나 모르는 자 할 것
없이 모두 그의 명성을 사모하였으며, 협객에 대해 말하는
사람은 모두 그〔곽해〕의 이름을 끌어댄다. 속담에도
'사람이 아름다운 명예로 얼굴을 삼으면, 어찌 다함이
있겠는가!'라고 했다. 아, 정말 애석하다!

> 天下無賢與不肖, 知與不知, 皆慕其聲,
> 言俠者皆引以爲名. 諺曰, '人貌榮名,
> 豈有旣乎!' 於戱, 惜哉!
>
> ─「유협열전」

■ 사마천의 평이다. 한나라가 일어난 뒤로 곽해(郭解)는
주가(朱家)·전중(田仲)·왕공(王公)·극맹(劇孟) 등과 함께
활동하며 천하에 이름을 떨친 협객이었다. 그런데도
곽해는 겸손하고 후하게 베풀면서 대가를 바라지 않았을
뿐만 아니라 남의 목숨을 구해 주고도 그 공을 자랑하지
않았다. 곽해의 얼굴은 보통 사람들보다 형편없었고,
말솜씨도 본받을 만한 것이 없었으나 그 누구도 그의
명성을 사모하지 않은 자가 없었다.

　명예는 썩어 없어지지 않는 얼굴이다.

자존심과
죽음을
맞바꾸다

군자는 죽을지언정 갓을 벗지는 않는다!

君子死, 冠不免!

— 「위강숙세가」

　명예에 관한 어록

— 갓을 잘린 공자의 제자 자로(子路)가 이 말을 하면서
갓끈으로 목을 매어 자살한 것을 두고 한 말이다. 본래
자로는 위(衛)나라 출공(出公)이라는 왕 밑에서 벼슬을
했는데, 위나라에 난이 일어나 출공이 위험에 처하자
그를 구하겠다고 달려갔다. 주변에서는 말렸으나 자로는
호기 있게 달려갔다가 결국 석기(石乞)와 우염(盂黶) 등에게
창으로 갓끈이 잘리는 수모를 겪었다. 춘추전국시대에는
머리카락을 고이 간직해야 했는데 갓이 잘려 상대에게
머리카락을 보이는 치욕을 겪으니 자로는 스스로를 용납할
수 없었던 것이다.

　　때로는 공자의 말을 잘 듣지 않으면서도 항상 용기
있게 난관을 헤쳐 나갔고, 스승의 그림자로 자처한 자로는
공자와 나이 차가 아홉 살이 났으나 성격이 거칠고
자존심이 강해 한때 스승 공자를 업신여기기조차 했다.
그러나 공자가 이른바 맞춤식 교육으로 올바른 길로
인도해 주자 그는 결국 공자의 수제자가 되었다. 공자는
자로의 죽음을 예감했다.

지록위마를
당하겠느냐

장상은 모욕을 당하지 않는다.

將相不辱.

— 「진시황본기」

━━ 우승상 풍거질(馮去疾), 좌승상 이사, 장군 풍겁(馮劫)이
진 2세 황제에게 심문을 받을 때 풍거질과 풍겁이 한
말이다. 이 말을 남긴 뒤 두 사람은 자살을 택했다. 이사는
마침내 옥에 갇혔다가 허리가 잘리는 오형(五刑)을 받았다.
진 2세 주변에는 감히 그의 말에 대항하려는 자들이
사라지기 시작했다. 말을 가리키면서 사슴이라고 하는
지록위마(指鹿爲馬)라는 고사성어도 이때 나온 것이다.

진 2세를 왕으로 만든 조고는 이에 만족하지 못하고
반란을 일으켜 아예 왕이 되려고 마음을 먹었다. 조고는
혹시 신하들이 자신을 따르지 않을까 걱정되어 먼저
시험해 보려고 조정에 나아갔다. 그가 사슴을 끌고
2세에게 바치며 "말입니다."라고 하자, 2세는 웃으며
"승상이 틀리지 않았소? 사슴을 말이라 하니 말이오."
그리고 좌우의 사람들에게 물으니, 어떤 이는 침묵하고
어떤 이는 말이라고 대답하여 조고에게 순종하며
아부했다. 사슴이라고 말한 자들은 나중에 조고가
남모르게 법을 걸어 처벌하였다. 이후 신하들은 모두
조고를 두려워하였다.

한번 자존심을 지키지 못하면 결국 지록위마와 같은
꼴을 당해 그 치욕감에 뼈가 저릴 정도가 되는 것이다.

알아주는
사람이 있어야
두드러진다

백이와 숙제가 비록 어진 사람이기는 했지만 공자의
칭찬이 있고 나서부터 그 명성이 더욱더 드러나게 되었다.
안연이 학문을 돈독히 하기는 하였지만 〔파리가〕 천리마의
꼬리에 붙어 〔천 리를〕 갈 수 있는 것처럼 〔공자의 칭찬을
받아〕 더욱 두드러지게 되었다. 바위나 동굴 속에 숨어
사는 선비들은 일정한 때를 보아 나아가고 물러난다.
그러나 이러한 사람들의 명성이 묻혀 세상에 알려지지
않는 것은 정말로 슬픈 일이다! 시골에 묻혀 살면서 덕행을
닦아 명성을 세우고자 하는 사람이라도, 덕행과 지위가
높은 선비를 만나지 못한다면, 어떻게 후세에 이름을 남길
수 있겠는가?

> 伯夷·叔齊雖賢, 得夫子而名益彰.
> 顔淵雖篤學, 附驥尾而行益顯. 巖穴之士,
> 趣舍有時若此 類名堙滅而不稱, 悲夫!
> 閭巷之人, 欲砥行立名者, 非附靑雲之士,
> 惡能施于後世哉?
>
> —「백이열전」

━━ 사마천의 한탄이다. 제아무리 뛰어난 자도 훌륭한 사람의
후광을 입어야 한다는 말은 이래서 중요하다. 낙양의
지가를 올린 좌사(左思)의 작품 역시 장화(張華)라는 당대
최고 문장가의 평이 없었다면 묻혔을 것이다.

　사실상 『사기열전』 70편 중에 「백이열전」을 첫
편에 둔 건 사마천이 나름대로 뜻한 바가 있어서다.
이 「백이열전」이 서두라면 맨 뒤에 「태사공자서」가
열전의 끝머리이니 과거의 머나먼 인물과 사마천 자신의
이야기를 첫 편과 끝 편에 배치시킨 것이다. 그래서 그
두 편이 하나의 자매를 이루면서 역시 사람의 밑바닥의
정서는 원망 서린 비극을 담고 있다는 걸 보여 준다.
단순히 수양산에서 굶어 죽은 백이와 숙제의 행적을
적었다기보다는 도도히 흐르는 역사 속에서 인간은 어찌할
수 없는 운명에 좌우된다는 것에 대한 총괄적인 입장을
자신을 빗대어 쓴 것이다.

　열전의 이름이 '백이'이지만, 백이에 대한 기록은 겨우
215자에 그칠 뿐이고, 나머지 4분의 3은 저자 자신의
논설인 이유도 여기에 있다. 자신의 아픔을 타인에게
투사하여, 인류의 보편적인 아픔을 끌어낸 사마천은
그러한 안타까움과 온기 어린 시선으로 뛰어난 행적을
보인 역사 속의 영웅들에게 빛을 찾아 주었다.

몸과 이름이
나란히
가는 것

몸과 이름이 모두 온전한 것이 가장 훌륭하며, 이름은 남의
모범이 될 만하지만 몸을 보존하지 못한 것은 그다음이며,
이름은 욕되어도 몸만 온전한 것이 가장 아래입니다.

> 身與名俱全者, 上也. 名可法而身死者,
> 其次也. 名在僇辱而身全者者, 下也.
>
> —「범저·채택열전」

━━━ 채택이 범저에게 이제 이룰 만큼 이루었으니 그만두고
은둔하라고 하면서 권한 말이다. 사람은 명예로운
상태에서 물러나야 한다는 처세의 원칙은 만고불변의
원칙이다. 젊어서 명예롭지 못한 일을 당하면 이를 악물고
재기할 수 있지만, 물러날 때가 다 되어 명예롭지 못한
일을 당하는 사람들은 곧잘 극단적인 방식으로 생에
종지부를 찍곤 한다. 다시는 명예를 회복할 방법이 없기
때문이다.

바뀌는 것보다
바꾸는 것이
어렵다

의관을 바르게 하고 조정에 들어온 사람은 이익을 위해
의로움을 더럽히지 않으며, 명예를 갈고 닦는 사람은 욕심
때문에 행실을 그르치지 않는다.

盛飾入朝者不以利汙義,

砥厲名號者不以欲傷行.

— 「노중련 · 추양열전」

명예에 관한 어록

━━ 추양이 양효왕(梁孝王; 경제의 동생)에게 올린 편지의 말미에 나온 말이다. 그가 예시하기를 증자는 어머니를 이긴다는 뜻의 승모(勝母)라는 이름이 붙은 고을에는 들어서지 않았으며, 묵자는 조가(朝歌)라는 이름이 붙은 마을에서 수레를 되돌렸다고 한다. 살다 보면 누구나 감히 몸담지 말아야 할 상황에 처하는 법이다. 과감히 발길을 돌리는 지혜가 필요하지만, 때로 뛰어들어서 바꾸고자 하는 의욕을 보일 수도 있을 것이다. 그러나 바꾼다는 것은 자신이 바뀌는 것보다 열 배는 더 어렵다.

명성에
집착한다면

명성을 좋아하고 재주를 뽐내다가 결국 이름 때문에 망한
것이다.

好聲矜賢, 竟以名敗.

— 「원앙·조조열전」

사마천이 원앙(袁盎)을 혹평한 것이다. 겉으로는 원칙을 내세웠지만 지나치게 허명을 추구하여 결국에는 그것 때문에 멸망했다는 것이다. 원앙은 자객에게 칼을 맞아 저잣거리에서 죽었다. 진시황 때 이사는 큰 공을 세웠으나 권력에 집착하다가 자신도 오형을 받고 삼대가 멸해졌다. 명성을 끝없이 쌓아 올리고 재주를 뽐내 남의 눈을 부시게 하면 그 빛은 반드시 반사되어 내 목을 겨누는 칼날의 빛으로 되돌아온다.

예보다
좋은 것은
없다

『효경』에서 말하기를, '위를 편안하게 하고 백성을
다스리는 길은 예보다 좋은 것은 없다. 예는
사치하기보다는 차라리 검소하게 하라.'고 했다.

> 『孝經』曰 '安上治民, 莫善於禮'. '禮,
> 與奢也寧儉'.
>
> ― 「평진후·주보열전」

━━ 태황태후(太皇太后)*가 나라의 대신들에게 내린 조서
가운데 나온 말이다. 나라를 다스리는 힘이 예의에 있다는
것은 매우 획기적인 발상이다. 비용을 쏟아부어 질서를
잡는 게 아니라 애초에 질서가 어지러워지지 않게 만드는
것이기 때문이다. 백성의 교화와 존비의 질서 등 모든
다툼의 근원은 예가 없는 데서 일어나지 않는가? 단 예가
너무 화려하고 번다해지면 그 본질을 잃게 된다는 경계도
들어 있다.

*   한 원제의 황후 왕정군(王政君)

편리함을
추구하라

무릇 의복이란 입기에 편리하기 위한 것이고 예의란 일을
도모하는 데 편리하기 위한 것입니다. 성인은 지방의
풍속을 관찰하여 그에 적합하게 행동하고, 구체적인
사안에 따라서 예의를 제정하니 이는 백성을 이롭게 하고
나라를 부강하게 하기 때문입니다.

> 夫服者, 所以便用也, 禮者, 所以便事也.
> 聖人觀鄕而順宜, 因事而制禮,
> 所以利其民而厚其國也.
>
> —「조세가」

■ 예법이나 복장은 편리함을 추구하는 것을 기본 전제로
해야 한다. 머리를 짧게 자르고 몸에 문신을 하고 팔에
무늬를 아로새기고 옷깃을 왼쪽으로 여미는 구월(甌越)
일대 백성들의 습관, 이를 검게 물들이고 이마에 무늬를
새기고 어피(魚皮)로 만든 모자를 쓰고 조악하게 만들어진
옷을 입는 오(吳)나라의 풍습은 모두 편리함을 추구한 끝에
나온 문화적 형식인 것이다.

예란 법보다 우선

무릇 예의의 근본 뜻에 통하지 못하면 임금은 임금답지
못하고, 신하는 신하답지 못하며, 아버지는 아버지답지
못하고, 자식은 자식답지 못하게 됩니다. 군주가 군주답지
못하면 〔신하에게〕 침범을 당하고, 신하가 신하답지
못하면 〔군주에게〕 주살되고, 아버지가 아버지답지 못하면
무도한 아버지가 되고, 자식이 자식답지 못하면 불효자가
됩니다. 이 네 가지 일은 천하에서 가장 큰 잘못입니다.

> 夫不通禮義之旨, 至於君不君, 臣不臣,
> 父不父, 子不子. 夫君不君則犯,
> 臣不臣則誅, 父不父則無道,
> 子不子則不孝. 此四行者, 天下之大過也.
> ─「태사공자서」

━━ 예제국가의 근본을 절묘하게 표현해 깊은 울림을 주는 말로 상대부 호수(壺遂)와 사마천이 논쟁하는 가운데 나왔다. 호수가 "옛날 공자는 무엇 때문에『춘추』를 지었습니까?"라고 묻자 사마천이 답변한 것이다.

근본은 예이고 법은 그 하위 개념이다. 사마천이 보기에 남의 신하나 자식 된 사람으로『춘추』를 배우고 익히지 못한 자는 반드시 찬탈이나 시역(弑逆)의 벌을 받아 죽었다. 그들 스스로는 모두 선으로 여기고 행동하지만, 대의를 모르기 때문에 중간에 어긋나 결국 악명을 쓰게 되는 것이다.

선으로
인도하라

짐이 듣건대 법이 바르면 백성들이 성실하고, 죄가
합당하면 백성들이 따른다고 하였소. 게다가 백성을
다스려서 선으로 인도해야 하는 사람이 관리이거늘
인도하지 못하고 또 바르지 않은 법으로 죄를 다스린다면,
이것이 도리어 백성들에게 해가 되고 난폭한 짓을 하는
것이니, 어떻게 범죄를 금할 수 있겠소. 짐은 연좌제의
이점을 발견하지 못했으니 깊이 생각해 보시오.

朕聞法正則民慤, 罪當則民從.
且夫牧民而導之善者, 吏也. 其既不能導,
又以不正之法罪之, 是反害於民爲暴者也.
何以禁之? 朕未見其便, 其孰計之.

—「효문본기」

포용에 관한 어록

━━ 고조 유방의 넷째 아들인 효문제의 덕망이 돋보이는
부분이다. 신하들의 거듭된 반대에도 불구하고 결국
이렇게 연좌제는 폐지된다. 이 외에도 효문제는 비방 죄와
육형(肉刑)*을 없앴으며, 노인들에게 상을 내리고 외로운
자들을 불쌍히 여기어 거두어서 백성들을 길렀다고
사마천은 분명히 적고 있다.

---

*   죄인의 몸에 가혹한 신체적 상해를 가하는 것으로서 단순한 태(笞)나
    장(杖) 등의 신체형(身體刑)과는 구분된다. 이마에 먹물을 들이는
    자자(刺字), 코를 베는 의(劓), 발뒤꿈치를 베는 비(剕), 생식기를 제거하는
    궁(宮), 팔다리를 자르는 단지(斷肢), 손목을 자르는 단수(斷手) 등을 말한다.
    목을 베던 대벽(大辟:斬首)도 이에 속한다.

편안하게
대하라

무릇 천하를 소유하여 만백성의 운명을 다스리는 사람은
하늘같이 덮어 주고, 땅같이 받아들여야 하오. 황상이
즐거운 마음을 가지고서 백성들을 편안하게 하면,
백성들은 기뻐하며 황상을 섬기게 되니, 즐거움과 기쁨이
서로 통하여 천하가 다스려지게 되오.

> 凡有天下治爲萬民命者, 蓋之如天,
> 容之如地, 上有歡心以安百姓,
> 百姓欣然以事其上, 歡欣交通而天下治.
>
> —「여태후본기」

천하에서 가장 독한 여자로 꼽히는 여태후(呂太后)의 말이다. 그는 황제를 궁녀들이 머무는 영항(永巷)이라는 곳에 가두어 두고 이렇게 말했다. 그러나 혜제(惠帝)가 이 말을 받아들일 그릇이 못 됐다. 이처럼 말과 행동이 달랐으나 여태후는 실권을 장악했다.

그런데 주목할 점은 사마천이 유약하고 무능하며 꼭두각시에 불과한 혜제를 「본기」에 넣지 않고 실질적으로 천하를 장악했던 여태후를 「본기」에 넣어 파격적인 면모를 보인 것이다. 이는 여태후가 당대를 다스린 실질적인 제왕이었기 때문이며, 사마천은 '변화하는 것이야말로 역사의 본질'이며 인류 사회 발전의 원동력이라고 보았기 때문이다. 물론 사마천은 여태후를 「본기」에 편입시키되 가차 없이 있는 그대로 다뤘다.

품어야 할 때
베면 화가
된다

항복한 자를 죽이는 것보다 큰 화는 없습니다.

禍莫大於殺已降.

—「이장군열전」

포용에 관한 어록

■ 항복한 자는 죽이지 않는 법이다. 이광(李廣)은 자신의 사촌 동생 이채(李蔡)가 사람됨도 시원치 않고 명성도 별 볼일 없는데 열후에 삼공의 지위에 오르고, 자신은 작위나 봉읍도 얻지 못하고 벼슬도 구경에 불과하자 내심 열등감을 가졌다. 자신의 관상이 열후에 봉해질 상이 아닌지 확인해 보고 싶었다. 그래서 그는 구름의 기운을 보고 길흉화복을 점치는 왕삭(王朔)에게 심경을 털어놓았다. 왕삭이 "스스로 생각하시기에 후회되는 일이 있습니까?"라고 물었다. 이장군은 자신이 농서군 태수로 있을 때, 강족(羌族)이 모반을 일으켰다가 항복한 자가 800여 명이었는데, 그들을 속여 같은 날에 다 죽였던 일을 말했다. 이 점을 가장 후회한다고 말하자, 왕삭이 그런 것이 바로 큰 화라며 지적한 것이다.

항복한 자들을 죽이는 것은 삶아 죽이고 삼족을 멸하는 형벌보다 더 잔혹하며 형벌의 본의에도 가장 어긋나는 것이다. 품을 줄 모르는 사람은 다스릴 자격도 없다. 그것이 비록 한 번의 실수였다고 해도 말이다. 이장군이 백성들 사이에 명망이 높았지만 영원한 선발대장에 머물게 된 것은 그의 심성 탓이었다.

관계가
모든 것을
지배한다

하늘에는 태양이 오직 하나뿐이며 땅에는 두 명의 왕이
있을 수 없습니다. 지금 고조께서는 비록 자식이지만
백성들의 군주이시며, 태공께서는 비록 아버지시지만
그분의 신하이십니다. 그런데 어째서 군주에게 신하를
만나 뵙게 하십니까? 이렇게 하면 위엄과 존중이 실행되지
않습니다.

> 天無二日, 土無二王. 今高祖雖子,
> 人主也; 太公雖父, 人臣也.
> 奈何令人主拜人臣! 如此, 則威重不行.
>
> —「고조본기」

━━ 한고조 6년(기원전 201)에 고조가 닷새에 한 번씩 태공(太公), 즉 부친을 배알하는 데 백성들의 부자지간같이 스스럼이 없었다.

그러자 태공의 가신이 이를 우려해 왕의 위상을 말하는 가운데 나온 말이다. 가신의 말은 고조야말로 백성들의 아버지이므로 그의 부친 또한 넓게 보면 고조의 백성이니 그것을 먼저 고려해야 한다는 얘기다.

고조는 결국 가신들의 권유를 받아들여 태공을 태상황(太上皇)으로 추대하여 예법에 따라 예우를 하였다. 그리고 이런 점을 지적한 가신의 말을 가상히 여겨 금 500근을 내렸다.

명분은
클수록
좋다

신하된 자로서 그 군주를 시해하고 이미 항복한 자를
죽였으며, 정사(政事)를 공정하게 행하지 않고 약속을 어겨
신의를 저버린 것은 천하에 용납되지 않을 대역무도함이니,
이것이 열 번째 죄이로다.

> 夫爲人臣而弑其主, 殺已降, 爲政不平,
> 主約不信, 天下所不容, 大逆無道,
> 罪十也.

— 「고조본기」

초나라와 한나라가 오랫동안 서로 대치하였으나 결판이 나지 않자, 젊은이들은 군 생활에 힘겨워했고 늙고 약한 사람들은 군량 운반에 지쳐 있었다. 유방과 항우는 서로 광무산(廣武山)을 사이에 두고 말을 주고받았는데, 이때 유방이 항우를 자극하기 위해 한 말이다. 유방은 항우의 죄상을 열 가지나 열거했는데, 여기서 말하는 열 번째 죄는 항우가 조나라를 구원하고 나서 돌아가 보고해야 했는데 제멋대로 제후의 병사들을 위협하여 관중에 들어간 것이라든지, 진나라 궁궐을 불사르고 항복한 왕 자영(子嬰)을 죽였으며, 속임수로 진나라의 젊은이 20만 명을 신안(新安)에서 생매장한 것 등을 말한다. 모두 천하에 용납되지 않을 대역무도한 짓이라는 것으로 그가 항우와 전쟁을 벌이면서 내세운 명분이기도 했다.

사사로움에
매이지
말라

천하를 다스리는 데 사사로운 정 때문에 공적인 일을
어지럽힐 수 없기 때문입니다.

治天下終不以私亂公.

— 「한장유열전」

— 한장유의 말이다. 한장유는 원대한 지략이 많아 그 지모는
세상의 흐름에 따라 펼쳐졌으며 충성심도 두터웠다. 그는
재물을 다소 좋아했으나, 자신보다 청렴결백하고 현명한
선비들을 추천하는 데 인색함이 없었던 사람이었다.
이 때문에 선비들은 그를 칭찬하고 우러러 받들었으며,
천자까지도 그야말로 나라를 다스릴 만한 역량이 있는
재목이라고 여겼다. 한장유는 평소 자신의 소신을
왕에게도 그대로 충언으로 옮겼다.

일을 꾀하는
세 가지
걱정거리

남에게 보복할 뜻이 없으면서도 그런 의심을 받는다면
이는 어리석은 일이고, 남에게 보복할 뜻이 있는데
이것을 알아차리게 한다면 이는 위태로운 일입니다. 일이
행동으로 옮기기도 전에 먼저 소문이 나면 이는 매우
위험한 일입니다.

> 無報人之志而令人疑之, 拙也;
> 有報人之志, 使人知之, 殆也;
> 事未發而先聞, 危也.
>
> —「중니제자열전」

━━ 공자의 제자요 탁월한 외교관의 자질이 있는 자공이
월왕 구천을 방문했다. 구천은 길을 청소하고 교외까지
나와 자공을 맞이하고 몸소 수레를 몰아 숙소까지
데려다주고는 "이곳은 오랑캐의 나라인데 대부께서 무슨
일로 여기까지 오셨습니까?"라고 자신을 낮추면서 자공을
극진히 예우한다. 그런 후 구천은 머리를 조아려 두 번
절하고 다음과 같이 말했다.

"저는 일찍이 제 자신의 힘을 헤아리지 않고 오나라와
싸움을 벌였다가 회계산에서 곤욕을 치렀습니다. 그때의
고통이 뼛속까지 사무쳐 밤낮으로 복수할 생각에 입술은
타 들어가고 혀는 마릅니다. 오나라 왕과 맞서 싸워 죽는
것이 바람입니다."

그러나 자공은 월나라로 오기 전 오왕 부차를 만나고
오는 길이었다. 부차는 이미 구천의 복수 계획을 눈치
채고 있었다. 자공이 말한 두 번째 경우, 곧 위태로운 일인
것이다. 놀란 구천에게 자공은 대안을 제시해 준다. 당시
자공은 오나라를 희생양으로 삼아 노나라를 보호해야
하는 임무를 지니고 있었다. 구천은 자공의 말에 따라
오왕의 제나라 정벌에 신하인 척 군대를 원조해 주었다.
그런 후 정예병을 데리고 돌아오는 오왕의 길목을 지키고
있다가, 전쟁에 져서 힘이 빠진 오나라 군대를 섬멸했다.

상대에게
본모습을 보이면
패한다

두 나라가 싸우려 할 때는 상대편에게 자신들의 장점을
과장하여 보이는 것이 당연합니다.

兩國相擊, 此宜夸矜見所長.

— 「유경·숙손통열전」

━━ 한고조가 흉노를 정벌하기 위해 미리 사신들을 보내
적진을 탐방했다. 돌아온 사신들 중 다른 10명은 흉노를 칠
수 있다고 했으나 유독 유경만은 흉노의 상황을 정반대로
파악했다. 유경이 본 것은 여위고 비쩍 마른 가축과 늙고
약한 병사들이었는데 이는 틀림없이 자기들의 단점을 보여
주고 기병을 숨겨 두었다가 승리를 얻으려는 것이었다.
평소에도 유경은 "천하는 이제 겨우 평정되었고 군사들은
싸움에 지쳐 있기 때문에 무력으로 흉노를 복종시킬 수는
없습니다.〔天下初定, 士卒罷於兵, 未可以武服也〕"라는 생각을
가지고 있었다.

　　사실상 한고조를 거쳐 계속되는 대흉노 정벌은 매우
많은 문제를 불러왔다. 한 무제 때 여덟 번에 걸친 흉노
정벌은 그가 얼마나 외치(外治)에 힘썼는지를 단적으로
나타낸다. 무제의 대흉노 정책은 철저한 화이관에 바탕을
둔 강공 정책이었다. 그것은 상대편을 무시하고 깔보는
태도를 바탕으로 했다. 그래서 흉노의 선우를 마음까지
유인하여 잡아 보려고 하다가 오히려 흉노에게 당하는
어처구니없는 상황도 초래한 것이다. 이 사건으로 한고조는
흉노와 굴욕적인 조건으로 친화를 맺고 아무런 성과도
없이 돌아와 10명의 사신들의 목을 모두 베었다.

전쟁은 때를
가려서 하라

신이 듣기로 무기는 사람을 죽이는 흉기이고, 전쟁은
도리를 거스르는 것으로서 싸움은 모든 일 중에서 가장
저급한 것입니다. 음모를 꾸며 도리를 거스르고, 흉기를
사용하기를 즐겨 전쟁에 친히 관여하시려 함은 상제께서
금지하는 것으로 행하여도 이득이 없습니다.

> 臣聞兵者凶器也, 戰者逆德也,
> 爭者事之末也. 陰謀逆德, 好用凶器,
> 試身於所末, 上帝禁之, 行者不利.
>
> —「월왕구천세가」

━━ 범려가 월왕 구천에게 한 말이다. 구천이 왕위에 오른 지 3년에 오왕 부차가 밤낮으로 군대를 훈련시켜 월나라에 복수하려 한다는 것을 듣고, 오나라가 군대를 일으키기 전에 선수를 쳐서 토벌하려는 상황이었다. 범려는 흥분한 구천을 찾아가 반대의 입장을 분명히 밝혔다. 그러나 월왕은 즉시 군대를 일으켰고 회계산의 치욕은 시작되었다. 즉 월왕은 대패하여 자신의 아내를 부차에게 첩으로 바치고 자신 역시 부차의 신하가 되어 3년간 그의 인질로 잡혀 있게 된다.

싸우기 전
헤아려야
할 것

병력이 부치면 싸움을 해선 안 되고, 식량이 부치면 오래
싸우지 말라.

兵不如者勿與挑戰, 粟不如者勿與持久.

—「장의열전」

전략에 관한 어록

━━ 싸우기 전에 자신과 적을 동시에 헤아려 보라는 장의의 말이다. 여기서 병력은 단순히 그 수를 의미하는 것이 아니다. 정예병으로 구성되어 있는지, 아니면 농민들로 급조된 군대인지 종합적으로 병력에 대한 판단을 내려야 한다. 군사들이 상대편과 싸워 본 경험이 있는지도 매우 중요한 요소다. 우리는 수나라 양제가 이끈 30만 대군이 을지문덕에 막혀 무너진 이야기를 알고 있다. 수 양제의 군대는 피죽도 못 먹은 농민들이 대부분이었던 것이다. 식량이 부치면 오래 싸우지 말라는 것도 전쟁에서 제1의 고려 요소다. 농사짓는 시기인 봄가을을 피하고 전쟁을 시작하는 이유도 여기에 있다.

쥐 두 마리가 싸우면 누가 이기는가

길은 멀고 험한 데다 지역이 좁으므로 그곳에서 싸운다는 것은 비유컨대 쥐 두 마리가 쥐구멍 속에서 싸우는 것과 같습니다.

其道遠險狹, 譬之猶兩鼠鬪於穴中.

— 「염파·인상여열전」

■ 진나라가 한나라를 치기 위해 연여(閼輿)라는 곳을
포위하여 진(陳)을 치자, 불길한 예감이 든 조나라
혜문왕(惠文王)이 장수 염파를 불러 "〔연여를〕 구할 수
없겠느냐?"고 했다. 그러자 염파가 연여 가는 길이 멀고
험한 데다 지역이 좁아서 구하기 어렵다고 하자, 실망한
나머지 다시 악승(樂乘)을 불러서 물었으나 악승 역시
염파와 같은 대답을 했다.

조나라 왕이 마지막으로 조사(趙奢)를 불러서 묻자,
조사는 이렇게 대답하면서 결국 용감한 장수가 이기게
된다고 했다. 그러고는 조사는 용맹스런 기세로
쳐들어오는 진나라 군대에 맞서 진지를 두텁게 하고 때를
기다리는 지구전을 벌여 한풀을 꺾고는, 다시 강력한
공격으로 북산(北山)의 정상을 차지하여 연여의 포위망을
뚫고 진나라 군대를 달아나게 하여 연여를 구했다.

혜문왕은 조사를 마복군(馬服君)에 봉하고, 허력(許歷)을
국위(國尉; 장교)로 삼았다. 이렇게 하여 조사는
염파·인상여와 지위가 같게 되었다. 이런 일이 있고 난 후,
진나라는 조사가 있는 조나라를 두려워했다.

정공법과 기습을 겸하라

용병(用兵)의 도(道)는 정공법으로 싸우고, 기이한 계책으로
승리하는 것이다. 싸움을 잘하는 사람은 기이한 계책을
무궁무진하게 낸다. 기이한 계책과 정공법이 서로 어우러져
쓰이는 것이 마치 끝이 없는 둥근 고리 같다. 대체로
〔기이한 병법은〕처음에는 처녀처럼 약하게 보여 적군으로
하여금 〔얕잡아 보고〕문을 열어 두게 하지만, 나중에는
그물을 벗어난 토끼처럼 날래져서 적이 막으려고 해도
막을 수 없다. 이는 전단의 용병법을 두고 한 말일 것이다.

> 兵以正合, 以奇勝. 善之者, 出奇無窮.
> 奇正還相生, 如環之無端. 夫始如處女,
> 適人開戶; 後如脫兔, 適不及距;
> 其田單之謂邪.
>
> —「전단열전」

사마천이 전단에 대해 평한 것이다.

기원전 284년 연나라 소왕은 악의를 상장군으로 삼아 다섯 나라의 병사들을 이끌고 제나라를 공격하게 하여 수도 임치와 70여 개의 성을 함락시켰다. 이때 제나라 장수 전단은 소왕에 이어 왕위에 오른 혜왕이 장군 악의와 사이가 좋지 않다는 점을 알고는 악의가 왕이 되려 한다는 소문을 퍼뜨려 악의가 불안한 나머지 조나라로 망명하게 했다.

그럼에도 불구하고 연나라가 외형상 전력이 우세했기 때문에 정공법으로는 도저히 승산이 없다고 느낀 전단은 철저히 전력을 숨기다가 기습하는 전법을 취해 연나라 군사들을 물리쳤다.

먼저
주변을
관리하라

백 리 안의 근심거리를 생각하지 않고 천 리 밖을
중시한다면, 이보다 더 잘못된 계책은 없을 것입니다.

> 夫不憂百里之患而重千里之外,
> 計無過於此者.
>
> —「소진열전」

■■■ 소진의 말이다. 그는 연나라 왕을 찾아가 이웃인 조나라와
동맹을 맺어 후환을 없애라고 충고한다. 물론 성공한다.
그의 논법은 진나라가 연나라를 치면 천 리 밖에서 싸우게
되고, 조나라가 연나라를 치면 백 리 안에서 싸우게 되는
것이니 어디가 유리하냐는 것이다.

주변에 적이 많을 때 멀리 원정을 떠나면 당연히 내부가
위험해지는 것이다. 설령 주변이 비록 동지라도 이것은
피해야 할 일이다.

호랑이
두 마리를
잡는 기술

호랑이 두 마리가 소를 잡아먹으려 합니다. 먹어 봐서 맛이
좋으면 분명히 서로 다툴 것입니다. 다투게 되면 반드시
싸울 것이고, 서로 싸우게 되면 큰 놈은 상처를 입고
작은 놈은 죽을 것입니다. 상처를 입은 놈을 찔러 죽이면
한꺼번에 반드시 호랑이 두 마리를 잡았다는 명성을 얻을
것입니다.

> 兩虎方且食牛, 食甘必爭, 爭則必鬪,
> 鬪則大者傷, 小者死, 從傷而刺之,
> 一擧必有雙虎之名.
>
> — 「장의열전」

━━ 진나라 혜왕이 한 해가 넘도록 싸우는 한나라와 위나라를 화해시키려 하자, 어떤 자들은 그렇게 하라고 하고 어떤 자들은 굳이 그렇게 할 필요가 없다고 하는 등 의견이 분분했다. 혜왕이 유세하는 진진(陳軫)에게 자문을 구하자, 진진은 화해시키지 말고 중간에서 어부지리로 얻으라고 권하면서 한 말이다.

그가 비유를 든 것은 변장자(卞莊子)라는 자가 호랑이를 찔러 죽인 일이다. 변장자가 호랑이를 찔러 죽이려고 하자 묵고 있던 여관의 심부름하는 아이가 하는 말이 호랑이 두 마리가 싸우려 하니 둘 중 하나는 죽게 될 것이라고 했다. 그러니 싸우기를 기다렸다가 두 놈이 지치면 힘들이지 않고 얻을 수 있다고 충고하는 것이었다. 그래서 변장자는 죽은 놈을 놔두고 상처 입은 놈을 찌르니 손쉽게 호랑이 두 마리를 얻게 되었던 것이다.

진진의 말을 들은 혜왕은 결국 화해시키지 않았고 승리는 당연 그의 몫이었다.

싸움이란 상처 없이 이기는 것이 중요하다. 그것은 계책이고 전략이다. 무력을 동원하고 군인들이 피를 흘리는 전쟁은 저급한 것이다. 세 치 혀가 백만의 군대보다 강하다는 말은 이런 경우에도 적용된다.

양떼가
호랑이의
적수가 되는가

호랑이와 양은 서로 적수가 되지 않음이 명백한데도, 지금
왕께서는 사나운 호랑이와 함께하지 않고 양떼의 편에
섰습니다.

> 虎之與羊不擊明矣.
> 今王不與猛虎而與羣羊.

—「장의열전」

옥에서 풀려난 장의가 초나라 왕을 찾아가 한 말이다.

연횡가인 장의는 소진을 필두로 하는 합종 세력을 양떼에 비유했다. 양이 모여 봤자 호랑이의 적수가 되지 못한다는 말에 초나라 왕은 연횡의 길로 방향을 돌린다. 이처럼 될 것에 승부를 걸라는 것은 늘 되새겨야 할 말이다. "썩은 사과를 다 먹어 봐야 맛을 아는가."라는 항간의 말도 이런 맥락에서 이해할 수 있다.

눈앞의
이익을
버려라

이익에 따라 행동하면 원한을 사는 일이 많다.

放於利而行, 多怨.

—「맹자·순경열전」

▬ 공자의 말을 인용한 사마천의 말이다.

　맹자가 양나라 혜왕(惠王)을 만났을 때 혜왕이 맹자에게 물었다. "어떻게 하면 우리나라를 이롭게 할 수 있겠습니까?" 이 대목에서 사마천은 "아! 이익이란 진실로 혼란의 시작이구나."라고 한탄했다. 공자가 이익에 대해 거의 말하지 않은 것은 이것이 혼란의 근본 원인이었기 때문에 애초에 봉쇄하기 위한 것임을 사마천은 알고 있었다. 양나라 혜왕 역시 〔맹자의 주장에 대해〕 입으로만 찬성하고 실제로는 받아들이지 않았는데, 그의 주장이 현실과 너무 동떨어졌기 때문이었다. 사마천은 결국 현실을 한탄한 것이다.

정치란
양보다

공자가 말하기를 '틀림없이 한 세대가 지난 뒤에야 어진
정치가 이루어진다. 선한 사람이 나라를 다스린 지 100년이
지나면 잔혹한 정치를 없애고 사형을 제거할 수 있다.'고
했다. 진실로 옳은 말이다!

> 孔子言 '必世然後仁. 善人之治國百年,
> 亦可以勝殘去殺'. 誠哉是言!

—「효문본기」

━━ 사마천의 논평이다. 모든 것이 단기간에 성과물로 제출되고 그것을 기반으로 다음 단계로 넘어가는 현대인의 삶에서 '100년'이라는 시간 단위는 아마 의미가 없는 것인지도 모른다. 하지만 시간의 숙성 없는 성과의 연속은 경험의 축적을 이루어 내기 힘들다. 그것은 문화적 확산 효과가 없다. 공자가 말한 어진 정치의 원리에 대해 사마천이 크게 고개를 끄덕였다. 사마천은 효문제가 천하를 다스리면서 덕정을 행했으나 정치의 근본인 겸손과 양보가 아직 완성되지 않았다는 아쉬움을 지니고 있었다.

근본과
말단을
구분하라

농업은 천하의 근본으로, 어떤 일도 이보다 더 큰 것은
없다. 지금 몸을 부지런히 하여 종사해도 조세가 부과되니,
이것은 근본과 말단에 종사하는 자를 달리 〔대우하지〕
않는 것이며, 농사를 권장하는 방법이 아직 갖춰지지 않은
것이다. 경지에 부과하는 조세를 없애도록 하라!

> 農天下之本, 務莫大焉.
> 今勤身從事而有租稅之賦,
> 是爲本末者毋以異, 其於勸農之道未備.
> 其除田之租稅!
>
> —「효문본기」

━━ 효문제의 말이다. 정말 획기적인 발상이다. 오늘날에도 방위산업이나 자원 개발 등 중요한 국가 기간산업에는 다양한 면세와 혜택이 주어진다. 그만큼 필수적인 기반이기 때문이다. 하물며 고대의 농업을 여기에 비교하랴. 효문제의 정책은 국가의 가장 큰 세수를 포기하는 급진적인 것이었지만, 달리 생각하면 세금을 지탱하는 농민 계층을 두텁게 만듦으로써 장기적으로는 더 큰 이득을 가져오는 것이었다.

그가 정권을 잡은 시기에는 백성들과 더불어 일하고 쉰다는 정책을 취했고 어짊과 절약을 몸소 실천하였으며 백성들의 게으름에 관심을 기울였고 세금 감면, 형벌 감면 등을 원칙으로 하는 덕치를 실시하여 사회는 안정되었고 예의가 일어났다.

정치한 것을
기록으로
남겨라

선비가 어질고 재능이 있는데도 등용되지 못하는 것은
나라를 가진 자의 부끄러움이며, 임금이 밝고 거룩한데도
그 덕이 〔천하에〕 널리 알려지지 못하는 것은 담당
관리의 잘못입니다. 지금 나는 기록하는 벼슬인 사관이
되었으면서도 밝고 거룩한 천자의 덕을 버려둔 채 기록하지
않고, 공신(功臣)·세가(世家)·현대부(賢大夫)의 공업을 없앤
채 기술하지 않았으니, 선친께서 남긴 말씀을 어긴 것으로
이보다 큰 죄는 없습니다. 나는 이른바 지난 일들을 적어
대대로 전해 내려오는 것을 간추려 정리하려는 것이지
창작을 하려는 것이 아닙니다.

> 士賢能而不用, 有國者之恥,
> 主上明聖而德不布聞, 有司之過也.
> 且余嘗掌其官, 廢明聖盛德不載,
> 滅功臣世家賢大夫之業不述, 墮先人所言,
> 罪莫大焉. 余所謂述故事, 整齊其世傳,
> 非所謂作也.
>
> —「태사공자서」

━━ 상대부 호수와 논쟁 중에 사마천이 대답한 말이다.
먼저 호수가 공자가 『춘추』라는 책을 지은 이유를 묻자,
사마천은 공자는 자신의 견해가 제후들에게 받아들여지지
않고 심지어 자신을 해치려는 데 안타까움을 표시하면서
자신의 고국 노나라 242년 동안의 일들에 대해 옳고
그름을 따져 천하의 본보기로 삼았던 것이라고 대답했다.
그 취지는 정명론에 입각하여 예의의 근본을 따져 보자는
것이라고 답하였다.

다시 호수가 비판하여 사마천 당신 말처럼 공자는 위로
현명한 군주가 없어서 그 책을 지었다고 하지만, 지금
당신은 현명한 천자가 위로 있고 관직도 가지고 있으니
상황이 다르지 않느냐고 했다. 그러자 사마천은 공자가
『춘추』에서 단순히 하나의 원칙을 내세워 기록했다면 지금
자신은 현재의 모든 상황을 기록해 보고자 하는 것이라고
하면서 이렇게 말한 것이다.

그러나 사마천은 자신의 작업을 공자가 저술한 것만큼
위대한 차원으로 했으며 자신의 불운과 공자의 불운을
동일시하여 기록하고자 한 것이다.

사사로움을
방비하라

사사로이 배워서 서로 법령과 교화를 비난하고, 사람들이
법령을 들으면 각자 자기의 학문으로 상의하며, 조정에
들어오면 마음속으로 비난하고 〔조정을〕 나오면
길거리에서 논의하며, 군주에게 과시하여 명예를 만들고
기이한 것을 취해 고귀함으로 만들며 아랫사람을
이끌어 비방을 조성합니다. 이와 같은 것들을 금지하지
않으신다면, 위로는 군주의 위세가 떨어지고 아래에서는
붕당이 만들어질 것이니, 이를 금지시키는 것이
이롭습니다.

> 私學而相與非法敎, 人聞令下,
> 則各以其學議之, 入則心非, 出則巷議,
> 夸主以爲名, 異取以爲高, 率群下以造謗.
> 如此弗禁, 則主勢降乎上, 黨與成乎下.
> 禁之便.
>
> ─「진시황본기」

명실공히 진시황의 분신이나 다름없는 이사가 진시황에게 권한 말이다. 이 말을 들은 진시황은 결국 분서(焚書)를 단행하게 되고 이사의 권세는 더욱 천하를 뒤흔들게 된다. 초나라 출신인 이사를 공격한 이들은 유생들이었고 토착 세력이었으나 오히려 그들이 타격을 입었다. 이사의 지적은 단지 유생들과의 대결에서 살아남기 위한 것만은 아니었다. 만약 이사의 말처럼 붕당이 만들어졌으면 통일된 제국의 법령과 각종 제도가 정비되어 세금이 수월하게 걷히고 백성들이 각자의 위치에서 안정된 삶을 이루어 가는 데 얼마나 오랜 시간이 걸렸을지 모를 일이었다.

사회 시스템을 통째로 바꿔야 하는 창조의 시대를 이끌어 간 진나라의 이사와 전통을 지키면서 사회의 안정을 꾀한 한나라의 숙손통·유경 같은 이들의 지혜에는 무언가 우리가 따라갈 수 없는 무한한 통찰이 깃들어 있다.

현명한 임금은
하나가 되게
만든다

현명한 임금은 버려진 사람들을 끌어 모아 비천한 사람도
귀하게 만들고, 빈곤한 사람도 부유하게 만들며, 멀어진
사람도 가까이 오게 합니다. 그렇게만 한다면 윗자리와
아랫자리에 있는 사람들이 〔서로 마음을〕 합하게 되어,
나라가 편안해질 것입니다.

> 明主收擧餘民, 賤者貴之, 貧者富之,
> 遠者近之, 則上下集而國安矣.
>
> —「진시황본기」

■ 조고가 2세 황제에게 권한 말이다. 현군과 우군의 차이는 차별을 두지 않는 것이다. 공자도 '유교무류(有敎無類)'라고 하지 않았던가? 그럼에도 불구하고 2세 황제는 조고의 말이라면 사슴을 말이라고 해도 믿을 정도였다. 조고가 추천한 인물만 등용했으며, 그 외에는 모두 배척했다. 애초에 조고에게 아부할 생각밖에 없는 자들이니 서로 맞추고 합해 볼 여지도 없었던 것이다.

조고는 사실상 말과 행동이 다른 표리부동의 전형을 보여 주었다.

임금의
덕행이
나라를 구한다

〔나라의 보배는 임금의〕덕행에 있는 것이지 〔지형의〕
험준함에 있지 않습니다. 예전에 삼묘씨(三苗氏)의 나라는
왼쪽에 동정호가 있고 오른쪽에 팽려호가 있었지만,
덕행과 신의를 닦지 않았기 때문에 하나라의 우임금에게
멸망했습니다. 하나라의 걸(桀)임금이 살던 곳은 왼쪽에
황하와 제수(濟水)가 있고 오른쪽에 태산(泰山)과 화산(華山)이
있으며 이궐(伊闕; 龍門山)이 그 남쪽에 있고 양장(羊腸)이
그 북쪽에 있었지만, 어진 정치를 베풀지 않아 은나라의
탕(湯)임금에게 내쫓겼습니다. 또 은나라 주왕(紂王)은
왼쪽에 맹문산(孟門山)이 있고 오른쪽에 태행산(太行山)이
있으며 상산(常山)이 그 북쪽에 있고 황하가 남쪽으로
지나고 있지만, 덕망 있는 정치를 하지 않아 무왕(武王)이
그를 죽였습니다. 이렇게 보면, 〔나라를 다스리는 데 있어
중요한 것은〕임금의 덕행에 있지 지형의 험난함에 있는
것이 아닙니다. 만일 임금께서 덕을 닦지 않으시면 이 배
안에 있는 사람들은 모두 적이 될 것입니다."

在德不在險. 昔三苗氏左洞庭, 右彭蠡,
德義不修, 禹滅之. 夏桀之居, 左河濟,
右泰華, 伊闕在其南, 羊腸在其北,
修政不仁, 湯放之. 殷紂之國,
左孟門, 右太行, 常山在其北,
大河經其南, 修政不德, 武王殺之.
由此觀之, 在德不在險. 若君不修德,
舟中之人盡爲敵國也.

—「손자오기열전」

오기가 자신을 지지해 주는 무후(武侯)에게 한 충고의
말이다. 문후는 오기가 병사들의 종기 고름을 빨아 주기도
하는 등 자신의 몸을 혹사하면서까지 병사들을 아낀 데
감동하여 서하(西河)의 태수로 삼아 진나라와 한나라에
대항하도록 하였다. 그러다가 문후가 죽고 그의 아들
무후가 자리를 계승하자 오기는 다시 그를 섬기게 되었다.
어느 날 무후가 배를 타고 서하를 내려가다가 주변의
산천을 보면서 그 아름다움을 찬탄하자 이런 말로 그의
마음을 경계시킨 것이다.

장수의 기질을 타고난 오기는 춘추전국시대의 병법가로서
자신의 영달을 위해 아내를 죽인 비정한 인물이기도 하다.
그는 병사들을 무척 사랑한 자로서 손무와 병칭되는
병법가로 『오자(吳子)』라는 병법서를 남겼다.

아둔하면
안 된다

우물물이 새어 나오더라도 마시지 않으니, 내 마음이
슬프구나. 이 물을 길어 갈 수는 있다. 왕이 현명하면 모든
사람이 그 복을 받는다.

> 井泄不食, 爲我心惻, 可以汲. 王明,
> 並受其福.
>
> —「굴원·가생열전」

— 굴원이 『주역』의 말을 빌려 초나라 회왕의 아둔함을 지적한 것이다. 훌륭한 군주란 충신을 구하여 자신을 위하도록 하고, 현명한 자를 등용하여 자기를 돕도록 하지 않는 자가 없다. 그러나 나라가 망하고 가정이 깨지는 일이 거듭 생기고, 훌륭한 군주가 나라를 다스리는 시대가 계속해서 나타나지 않는 것은 충신이라는 자가 충성을 다하지 않고, 현명하다는 자가 현명하게 행동하지 않기 때문이었다. 쫓겨나서 회수를 떠돌던 굴원은 이런 현실이 안타까웠다.

군주와 신하는
절차탁마의
관계다

잘한 점은 좇아 더 잘하게 하고 그 잘못된 점은 바로잡아
주어야만 군주와 신하가 서로 친해질 수 있다.

將順其美, 匡救其惡, 故上下能相親也.

—「관·안열전」

관중이 제나라를 위해 정치를 잘한 것을 두고 평가한
것이다. 지혜로운 신하는 군주에게 올바른 곳만 골라
디디게 하여 넓고 평평한 길만 가게 하는 자는 아니다.
때로는 주변의 현실을 못 보게 하고 탄탄대로를 만들어
왕에게 넓은 지평선의 아름다움만 감상하게 하는
신하들이 있다. 그 길 끝은 대개 암울하다. 하지만 관중은
왕에게 험난한 산길을 걷게 하기도 하고 파도치는 바다
위로 내몰기도 한다. 그 힘들고 쓴 과정을 군주가 기꺼이
받아들이기는 쉽지 않다. 하지만 그걸 참고 함께 걸어가면
그 과정에서 인간적인 친밀감이 생긴다는 말이다. 이것은
보통의 인간관계도 마찬가지다.

물러날 때도
때를 가려서
하라

창고는 이미 텅 비고, 백성은 가난하여 떠돌고 있는데,
그대가 그들을 변경으로 옮길 것을 주청한 일로 해서
〔민심은〕 더 동요되고 불안해졌소. 〔이처럼〕 위태로운
사태를 만들어 놓고 벼슬을 그만둔다니, 그대는 이
어려움을 누구에게 떠넘기려는 것이오?

> 倉廩旣空, 民貧流亡, 而君欲請徙之,
> 搖蕩不安, 動危之, 而辭位,
> 君欲安歸難乎?
>
> ─「만석 · 장숙열전」

━━ 효경제가 석경(石慶)에게 한 말이다. 석경은 태자의
스승에서 승상의 자리에까지 올랐으나 승상을 지내는
동안 잘못을 바로잡을 수 있는 어떤 진언도 하지 않았다.
무제는 석경이 늙은 데다가 지나치게 신중하므로 이
일을 함께 논의할 수 없다고 여겨, 석경에게 휴가를 주어
집으로 보냈다. 석경이 이를 부끄럽게 여겨 후임에게 길을
터 주려고 사직의 뜻을 밝히자 효경제가 꾸짖은 것이다.
경제의 지적이 워낙 구체적이고 직접적이라 석경은 깊이
부끄러워하고 다시 조정으로 나가 일을 보았다.

군주는 기호를 드러내서는 안 된다

임금께서 학을 좋아하시니 학으로 하여금 적족의 사람들과 〔대항해서〕 싸우라고 하면 될 것입니다.

君好鶴, 鶴可令擊翟.

— 「위강숙세가」

━━ 제환공의 10여 명의 아들 중 한 명으로 왕이 된 위(衛)나라 의공(懿公)은 즉위한 이후 학을 기르는 것을 좋아하고 음란한 향락을 즐기며 사치가 심하여 백성들이 따르지 않았다. 9년에 적(翟) 사람들이 위나라를 침입하자 의공은 군대를 일으켜 막으려고 하였으나, 군사들 가운데 일부가 반기를 들기도 했다. 이때 대신들이 빈정거리면서 한 말이다. 그렇게 논란만 벌이고 있을 때 적족 군사들이 위나라 수도에까지 진격해 들어와서 의공을 죽였다.

양두구육(羊頭狗肉)도 제나라 영공이 여장하는 것을 즐기자 이를 못마땅해한 안영이 한 말로, 이런 상황은 중국 역사에서 계속 반복되었다.

강직한
사람이 되라

주창은 나무처럼 강직한 사람이다.

周昌, 木彊人也.

—「장승상열전」

■ 태사공의 말이다. 주창은 한나라 초기의 인물로 고조 유방과 같은 고향 사람이다. 사촌 형인 주가(周苛; 항우에게 삶아 죽여진 비운의 인물)와 함께 유방을 따라가 공을 세우기도 했다. 그래서 고조는 그를 수도의 치안을 담당하는 중위로 삼기도 하였다. 그는 강직한 성격으로 거침없이 바른말을 했기 때문에 소하와 조참을 비롯하여 모든 신하들이 그에게 몸을 굽혀 두려워할 정도였다. 사마천은 이런 그의 품성을 말한 것이다. 사마천이 보기에 주창은 나무처럼 단단하고 굳은 사람이고 융통성도 없는 듯하였다. 걸주와 같은 폭군을 비유로 들어 고제가 주창을 꺼리게 되었으나, 얼마 후 고제가 태자를 폐위시키고 척희의 아들 여의(如意)를 새로운 태자로 삼으려고 했을 때 아무도 감히 할 수 없었던 직언을 하여 마음을 돌리게 한 이도 주창이었다.

사마천은 주창의 이런 성품을 나무에 비유한 것이다.

시대의
변화에
민감하라

통치의 기술

『사기』 곳곳에 숨어 있는 인간 본능의 가학성과
음흉함을 보면 놀라지 않을 수 없다. 늘 상대의
공격에 대비해야 하고, 먼저 공격하지 않으면 자신이
죽음을 맞이하는 경우도 적지 않다. 그런 정치권력의
현실에서 절대 권력자들에 기대어 호가호위하면서
강력한 영향력을 행사한 자들도 있다. 어쩌면 그들
밑에서 이익에 따라 움직이고 권력을 누리는 것은
인간의 본능인지 모른다.

　'창고의 물자가 풍부해야 예절을 알고, 먹고
입는 것이 풍족해야 명예와 치욕을 알게 된다.'고 한
관중은 대단히 현실적인 눈으로 민생의 중요성을
깊이 인식하였다.

　반면에 가증스러운 처세가이면서 잔혹한 인간의
모습을 보인 환관 조고(趙高)는 자신의 정치 행위를
합리화하기 위해 '변화에 따르고 시대에 호응한다.'는
말로 위장했다. 신공(申公)은 '바른 정치란 말을 많이
하는 데 있는 것이 아니라 어떻게 힘써 행하느냐에
달려 있다.'고 하면서 정치의 본질을 말했다.

　굴욕을 딛고 자리에 올라 처세를 잘한 정치가
범저는 '나라를 잘 다스리는 자는 안으로는 그

권위를 굳게 하고, 밖으로는 그 권력을 무겁게
한다.'고 하면서 외교정책의 틀을 보여 주었다.

정치에서 덕행 다음의 일로 강조한 덕목이
법이다. 장석지는 '법이란 황제와 천하 사람들이 다
같이 지켜야 하는 것이다.'라고 강직함을 드러냈고,
몽의(蒙毅)는 정치에 있어 원칙이 무너지지 않아야
함을 강조하면서 처벌 또한 정당해야 한다고 말했다.
'백배의 이익이 없으면 법을 고쳐서는 안 되며, 열
배의 효과가 없으면 그릇을 바꿔서는 안 된다.'고 한
두지(杜摯)의 말도 눈여겨보아야 한다.

월왕 구천을 도와 회계산의 치욕을 갚게
하고도 홀연 이름마저 바꾸고 떠난 범려는 '새가
다 잡히면 좋은 활은 거두어지고, 교활한 토끼가
잡히면 사냥개는 삶아지는 법'이라는 말을 남긴다.
인간의 마음이란 어제와 오늘이 다르고 창업할 때와
수성할 때가 다름을 분명하게 지적하고 있으니 어찌
냉정하지 않은가.

두 모습의
백성들

안정되어 있는 백성들은 더불어 의를 행할 만하고,
위태로움에 처한 백성들은 어울려 그릇된 짓을 하기 쉽다.

安民可與行義, 而危民易與爲非.

— 「진시황본기」

민심에 관한 어록

━━ 사마천이 진 2세의 잘못을 지적하는 장문의 논평 가운데
나온 말이다. 진 2세는 귀한 신분에다 천하를 소유하고도
자신 역시 죽음을 피하지 못했는데, 이는 나라가 기울어
가도 잘못된 방법으로 바로잡으려 한 어리석음 때문이라는
것이다.

　백성들은 하나하나 보면 보잘것없는 연약한
존재들이지만 언제나 집단으로 힘을 발휘한다. 정치가
안정되고 먹을 것이 풍부하면 나라에 큰 힘이 되는 것이
백성이지만, 정치가 어지럽고 세금이 무거우면 집채만 한
해일이 되어 지배자들을 응징하는 것이 그들이다.

법은 자주
바꾸면
안 된다

법령을 자주 내리면 백성들은 〔어느 것을〕 따라야 할지
모르게 되므로 좋지 않습니다.

令數下, 民不知所從, 不可.

—「순리열전」

민심에 관한 어록

━━ 손숙오가 법령 바꾸기를 잘하는 초왕에게 한 말이다.
초나라 백성들은 수레바퀴가 작고 낮은 수레를 좋아했다.
초왕은 이 수레는 말이 끌기에 불편하다며 법령을 내려
이것을 높이려고 했다. 그러자 우구(虞丘)의 뒤를 이어
초나라 재상에 오른 손숙오가 반대했다. 왕은 손숙오의
말을 듣고는 법을 그대로 두었다. 반년이 지나자 백성들은
전부 자발적으로 수레를 높였다.

백성을
하늘처럼
여겨야 한다

"하늘이 하늘 된 까닭을 아는 사람은 왕의 일을 이룰 수
있고, 하늘이 하늘 된 까닭을 모르는 사람은 왕의 일을
이룰 수 없다. 왕 노릇 하는 자는 백성을 하늘로 알고,
백성들은 먹을 것을 하늘로 여긴다."라고 합니다.

"知天之天者, 王事可成; 不知天之天者,
王事不可成. 王者以民人爲天,
而民人以食爲天."

— 「역생·육가열전」

━━ 한나라 3년 가을 항우가 한나라를 쳐서 형양읍을 함락시키자, 한나라 병사는 공현(鞏縣)과 낙양현(洛陽縣) 일대로 달아나서 주둔했다. 〔그 무렵〕 초나라는 회음후 한신이 조나라를 깨뜨리고, 팽월이 양 땅에서 여러 차례 반란을 일으켰다는 소식을 듣고 군대를 나누어 보내 조나라와 양나라를 도왔다. 이때 한신은 동쪽으로 제나라를 치려고 하였다. 한나라 왕은 형양과 성고에서 여러 차례 고전하였으므로 성고 동쪽 땅을 버리고 군대를 공현과 낙양현에 주둔시키고 초나라를 막을 계책을 세웠다. 이때 역생이 천하를 제패하고자 하는 패공에게 한 말이다. 참 오묘한 구절이다. 마치 세상의 속 문리를 깨친 말이라고 할까? 우리는 백성이 임금을 섬기는 것이라고 생각한다. 하지만 실제로는 그렇지 않다. 오히려 왕이 백성을 섬겨야 하고, 백성들은 먹고살아야 하기 때문에 밥을 하늘로 여길 수밖에 없다. 밥이 왕보다 더 위대하니 백성들을 섬기는 왕의 구도가 여기서 제시된 것이다.

민심을 알아야
나라를
보존할 수 있다

왕께서 천하의 마음이 어디로 돌아갈 것인가를 아신다면
제나라를 보존하실 수 있지만, 천하의 마음이 어디로
돌아갈 것인가를 모르신다면 제나라를 보존할 수 없을
것입니다.

王知天下之所歸, 則齊國可得而有也,
若不知天下之所歸, 卽齊國未可得保也.

— 「역생 · 육가열전」

— 역생이 패공의 명을 받아 제나라 왕을 찾아가 한 말이다.
역생은 유방의 참모이자 유세가로서 제후들을 설득하여
한나라로 끌어들이는 데 큰 공을 세움으로써 한나라가
천하를 평정하는 데 크게 기여하였다. 그가 제나라 왕에게
"천하의 민심이 어디로 돌아갈지 아십니까?"라고 묻자
제나라 왕은 잘 모르겠다고 했다. 역생의 답은 한나라였다.

효용 가치를
극대화하라

나는 새가 다 잡히면 좋은 활은 거두어지는 것이고, 교활한
토끼가 모두 잡히면 사냥개는 삶아지는 법이오. 월왕
구천은 목이 길고 입은 새처럼 뾰족하니, 어려움은 함께할
수 있어도 즐거움은 같이할 수 없소.

> 蜚鳥盡, 良弓藏, 狡兎死, 走狗烹.
> 越王爲人長頸鳥喙, 可與共患難,
> 不可與共樂.
>
> —「월왕구천세가」

■ 범려가 월나라를 떠나 제나라로 와서 월나라 대부
문종(文種)에게 쓴 편지 중 일부다.

오나라를 무너뜨리고 옛 위신을 되찾았지만 구천은 그
기쁨을 나눌 도량이 없었다. 목이 긴 것은 의심이 많다는
것이고, 뾰족한 부리로 약점을 쪼아 대니 누가 견디겠는가.
이에 범려가 여전히 미련을 버리지 못하는 문종에게
충고한 것이다. 어서 그 땅을 떠나라고 말이다.

문종이 이 편지를 읽고서 병을 핑계 삼아 궁궐에
들어가지 않으니, 어떤 사람이 그가 반란을 일으키려
한다고 참언했다.

생사의 갈림길에 서 있는 약육강식의 시대에 신하는
간언해야 했고 군주는 들어야 했다. 이것이 통하지 않으면
군신 관계는 소멸될 수밖에 없었다. 범려는 이미 월나라의
몰락을 보고 있었다.

세상이
내 편만은
아니다

어떤 이는 걸음 한 번 내딛을 때도 땅을 가려서 딛고, 말을
할 때도 알맞은 때를 기다려 하며, 길을 갈 때는 작은 길로
가지 않고, 공평하고 바른 일이 아니면 떨쳐 일어나서
하지 않는데도 재앙을 만나는 사람은 그 수를 헤아릴 수
없을 만큼 많다. 이런 사실은 나를 매우 당혹스럽게 한다.
만약에 이러한 것이 하늘의 도리라면, 이것은 과연 옳은
것인가? 그른 것인가?

> 或擇地而蹈之, 時然後出言, 行不由徑,
> 非公正不發憤, 而遇禍災者, 不可勝數也.
> 余甚惑焉, 儻所謂天道, 是邪非邪?
>
> —「백이열전」

━━ 세상은 공정하지 않다. 하늘이 옳은지 그른지는 아무도 모른다. 아니 사마천의 이 말은 오히려 옳지 않다는 데 무게중심이 있다. 백이와 숙제처럼 착한 사람도 결국 어진 덕망을 쌓고 행실을 깨끗하게 하였건만 굶어 죽었다.

사마천은 이런 현실이 슬펐다. "하는 일이 올바르지 않고 법령이 금지하는 일만을 일삼으면서도 한평생을 호강하고 즐겁게 살며 대대로 부귀가 이어지는 사람이 있다.(操行不軌, 專犯忌諱, 而終身逸樂, 富厚累世不絶)"고 한탄한다.

올바르게 살았지만 궁형을 당한 자신에 대한 한탄이요 백이와 숙제에 대한 한탄인 셈이다.

이익에 따라
사람은
움직인다

높은 자리에 있을 때 벗을 사귀는 것은 천한 몸이 되었을
때 도움을 받으려는 생각 때문이고, 부유할 때 벗을
사귀는 것은 가난하게 되었을 때 도움을 받으려는 생각
때문입니다.

貴而爲交者, 爲賤也, 富而爲交者, 爲貧也.

—「범저·채택열전」

■ 평원군의 말이다. 평원군은 조나라 혜문왕(惠文王)의
동생이며, 맹상군·춘신군·신릉군과 함께 '사군(四君)'의 한
사람으로 알려져 있다. 세 차례에 걸쳐 재상이 되었으며,
현명하고 붙임성이 있어 식객 3000명을 먹였다고 한다.
　이런 것을 두고 사람에게 보험을 들어 둔다고 말하는
것일 테다. 현대는 위기가 많은 사회이며 가난한 자들을
보호하는 사회적 안전망이 약하다. 그래서 사람들은
든든한 울타리를 마련해 두려고 한다.
　이익에 따라 움직이는 것이 세태다.

뜻이 통하면
할 수 있다

미워하는 것이 같은 자는 서로 돕고, 좋아하는 것이 같은
자는 서로 붙들며, 뜻하는 바가 같은 자는 서로 도와
이루고, 하고자 하는 것이 같은 자는 서로 같은 길로
달려가고, 이익을 같이하는 자는 서로를 위하여 죽는다고
합니다.

> 同惡相助, 同好相留, 同情相成,
> 同欲相趨, 同利相死.
>
> —「오왕비열전」

한나라 조정의 신하들은 반란죄로 연루된 땅을 깎는 문제를 논의하였다. 당시 제후였던 오왕(吳王) 비는 이 문제가 땅이 깎이는 것에 그치지 않을 것을 두려워하다가 음모를 꾸며 반란을 일으키려고 했다. 그렇지만 생각해 보니, 제후들 가운데 자신과 함께 일을 도모할 만한 사람이 없었다. 그러던 중에 교서왕(膠西王)이 용감하고 기개를 소중히 여기며 용병을 좋아하여 제나라 지역의 모든 나라들이 두려워하고 꺼린다는 말을 듣게 되었다. 그래서 중대부(中大夫) 응고(應高)를 보내 교서왕을 설득하도록 했다. 응고는 편지 대신 구두로 오왕의 뜻을 전하며 이렇게 말했다. 뜻이 통하면 함께 못 할 일이 무엇이냐는 것이다.

인생은
새옹지마다

처음 적공이 정위가 되었을 때는 빈객이 문 앞에 가득
찼지만, 파면되자 문 밖에 참새 잡는 그물을 쳐도 될
정도였다. 내가 다시 정위가 되자 빈객들은 예전처럼
모여들려고 했다. 그래서 나는 문에 이렇게 크게 써서
붙였다. '한 번 죽고 한 번 사는데 사귀는 정을 알고, 한
번 가난하고 한 번 부유함으로써 사귀는 모습을 알며,
한 번 귀했다가 한 번 천해짐으로써 사귀는 참된 정이
보이는구나.'

始翟公爲廷尉, 賓客闐門, 及廢,
門外可設雀羅. 翟公復爲廷尉, 賓客欲往,
翟公乃大署其門曰 '一死一生, 乃知交情.
一貧一富, 乃知交態. 一貴一賤,
交情乃見.'

— 「급·정열전」

━━━ 사마천이 적공(翟公)의 말을 인용하여 정당시와 급암의 새옹지마 같은 인생살이에 대해 논찬한 말이다.

"세상 사람들을 두루 사귀는 일에 있어서는 그 사람이 떠나고 나서야 옆에 있었던 이유를 알게 된다. 그것이 보통 귀천과 빈부의 문제라는 것이다."

창업자도
금령을
지켜라

태초 연간에 이르는 백 년 동안 작위를 보존한 자는
다섯이었고 나머지는 모두 법에 연루되어 목숨을 잃거나
나라를 망하게 하였으니 대단히 어지러운 것이다. 이는
법망이 덜 치밀한 탓도 있지만, 제후들 스스로 당시의
금령에 대해 삼가지 않았기 때문이라고들 한다.

> 至太初百年之間, 見侯五,
> 餘皆坐法隕命亡國, 耗矣. 罔亦少密焉,
> 然皆身無兢兢於當世之禁云.
>
> — 「고조공신후자연표」

━━━ 사마천이 개국공신들을 염두에 두고 아쉬움을 토로한
말이다.

　한나라가 건국된 이후 공신으로 작위를 받은 자는
무려 100명이 넘었다. 물론 초기에는 호구 수가 얼마 되지
않았으나 시간이 흐르면서 늘어나 소하, 조참, 주발과 관영
같은 자들은 4만 호가 넘을 정도였다. 그러나 한결같이
그 자손들은 창업의 공을 잊은 채 교만하고 나태하여
그런 작위를 보존한 것이 겨우 다섯밖에 되지 않았으니
수성하는 것이 얼마나 어려운 것임을 언급한 것이다.

　그러나 사마천의 평가는 결코 가혹한 것이 아니다.
오히려 이들에 대해 비교적 관대했다. 즉 사마천은
한나라 초기 나라를 배반한 제후인 오왕 비(濞), 회남왕
유장(劉長)과 유안(劉安), 형산왕 유사(劉賜) 등을 「열전」에
편입시킨 데 비해, 초기 공신들인 소하(蕭何), 조참(曹參),
장량(張良), 진평(陳平), 주발(周勃) 등은 「세가」에 편입시켰다.
그들의 과오를 역사를 판단하는 결정적인 것으로 확대시켜
보지는 않았다는 말이다.

황제도
법 앞에선
평등하다

법이란 황제와 천하 사람들이 다 같이 지켜야 하는
것입니다. 지금 법에 의하면 이와 같이 하면 되는데, 고쳐서
더 무거운 벌로 다스린다면 백성이 법을 믿지 못하게 될
것입니다.

法者天子所與天下公共也.
今法如此而更重之, 是法不信於民也.

—「장석지·풍당열전」

━━ 강직하기로 유명한 장석지(張釋之)가 한 문제에게 간언한 말이다. 한 문제가 행차하는데 수레가 중위교(中渭橋; 위수渭水의 중류에 있는 다리)를 지날 때 백성들 중에서 다리 아래로 오고 가는 사람이 있어 문제의 말이 놀라자 기병을 시켜 그들을 잡아 죄를 묻고는 모두 죽이려 했다. 옆에서 수행하던 장석지가 정위에게 심문해 보니 고의로 그런 것이 아니라 가벼운 형벌로 다스릴 만한 죄였다. 이렇게 보고하자 황제가 매우 노여워했다. 당장 목을 베라고 했으나 장석지는 다스리는 자가 법을 남용하면 안 되며, 게다가 사안에 따라 없는 법을 만들어서 분풀이를 하면 최악의 사태를 불러온다고 간언한 것이다.

법은 신분이나 지위 고하를 막론하고 차등이 없어야 한다.

원칙을 지켜야
한다

지금 당신의 집에서 나라에 바치는 의무를 다하지 않는
것을 내팽개쳐 둔다면 국법이 손상될 것입니다. 국법이
손상되면 나라가 쇠약해질 것이고, 나라가 쇠약해지면
제후들이 병사를 일으켜 쳐들어올 것이며, 제후들이
병사를 일으켜 쳐들어오면 조나라는 멸망하게 될
것입니다. 그렇게 되면 당신께서는 어떻게 이와 같은 부를
누릴 수 있겠습니까? 당신과 같은 귀한 분이 국법이 정한
대로 나라의 의무를 다하면 위아래가 공평해질 것이고,
위아래가 공평해지면 국가가 강해질 것이며, 국가가
강해지면 조나라는 튼튼해질 것입니다.

今縱君家而不奉公則法削, 法削則國弱,
國弱則諸侯加兵. 諸侯加兵是無趙也,
君安得有此富乎? 以君之貴,
奉公如法則上下平, 上下平則國彊,
國彊則趙固.

— 「염파·인상여열전」

━━ 평원군의 밑에서 조나라 전답의 조세 징수를 맡은 관리인
조사가 한 말이다. 그가 조세를 거둬들이는데 평원군의
집에서 조세를 내지 않으려고 하자, 법에 따라 그 집에서
일을 보는 사람 아홉을 죽였다. 평원군이 화가 나 조사를
죽이려고 하자, 조사가 그를 달래며 말한 것이다.

이 말을 들은 평원군은 조사가 현명하다고 생각하고
왕에게 추천했다. 왕이 그를 등용하여 나라의 세금을
관리하는 일을 맡기자, 세금이 매우 공평하게 거둬들여지고
백성들은 부유해졌으며 창고는 가득 차게 되었다.

법치는
다스림의
원천이다

법령이란 백성을 교화시키고 선도하기 위해 있는 것이며,
형벌이란 간사한 짓을 금지하기 위해 있는 것이다.
법령과 형벌이 갖추어져 있지 않을 때 선량한 백성들이
두려워하며 품행을 단정히 하는 것은, 관리가 법 집행을
혼란스럽게 한 적이 없기 때문이다. 직분을 다하고
법을 지키면 바르게 다스릴 수 있는데, 어찌 위엄이
필요하겠는가?

> 法令所以導民也, 刑罰所以禁姦也.
> 文武不備, 良民懼然身修者, 官未曾亂也.
> 奉職循理, 亦可以爲治, 何必威嚴哉?
>
> ―「순리열전」

━━ 사마천이 「순리열전」 첫머리에서 한 논평인데 우리에게
섬뜩하게 와 닿는다.

　법이란 다스림의 근거이며 포악한 짓을 금해 선(善)으로
인도하는 원칙이라는 사실을 상기해 준다. 법이 바르면
백성들이 충성을 다하고, 지은 죄를 정당하게 처벌하면
백성들이 복종하므로 군주된 자는 중시하지 않을 수 없다.
그러나 법은 염치와 예의 그리고 격식이 있는 전제하에서
보완되어야지 법을 위한 법이 되어서는 안 된다. 진나라가
곧바로 망하고 한나라가 400년 동안 흥성한 것이 이러한
사실을 입증해 주는 논거가 된다.

정당한 처벌이 중요하다

원컨대 대부께서는 생각하시어 제가 정당한 죄로 죽게
하여 주십시오. 또 대체로 공을 이루고 제 몸을 온전히
보존하는 것은 사람의 도리로서 귀중한 것이며, 형벌을
받아 죽음을 당하는 것은 사람의 도리로는 마지막입니다.
옛날 진나라 목공은 어진 신하 세 명을 죽이고 백리해에게
죽을 죄를 내렸으나, 그의 죄가 아니었습니다. 그래서 죽은
뒤에 목(繆)이라는 시호를 받았습니다. 또 진나라 소양왕은
무안군 백기를 죽였고, 초나라 평왕은 오사를 죽였으며,
오나라 왕 부차는 오자서를 죽였습니다. 이 네 군주는 모두
큰 실수를 저질렀기 때문에 천하 사람들의 비난을 받았고
밝지 않은 군주로 제후들 사이에 알려졌습니다. 그래서
'도리로써 다스리는 자는 죄 없는 자를 죽이지 않고,
무고한 사람에게는 벌을 내리지 않는다'고 합니다. 부디
대부께서는 이 점에 유의해 주십시오!"

願大夫爲慮焉, 使臣得死情實.
且夫順成全者, 道之所貴也;刑殺者,
道之所卒也. 昔者秦穆公殺三良而死,
罪百里奚而非其罪也, 故立號曰繆.
昭襄王殺武安君白起. 楚平王殺伍奢.
吳王夫差殺伍子胥. 此四君者,
皆爲大失, 而天下非之, 以其君爲不明,
以是籍於諸侯. 故曰'用道治者不殺無罪,
而罰不加於無辜'. 唯大夫留心!

—「몽염열전」

■■■ 몽염(蒙恬)의 아우 몽의(蒙毅)의 말이다. 돌연사한 진시황의
유서를 위조하여 정권을 장악한 조고와 그의 계략대로
움직이는 진 2세가 속으로 두려워하는 존재는 몽염과 몽의
형제들이었다. 조고는 자신과 사이가 좋지 않은 이들을
제거하려 했는데, 몽의는 자신은 아무런 죄도 없으니
정당한 죄로 죽게 해 달라고 하면서 이 말을 한 것이다.
    그렇지만 몽의가 죽음을 피해 가지는 못했다. 그의 형
몽염도 연좌되어 죽음을 당했다.

의식주를
해결하라

창고의 물자가 풍부해야 예절을 알며, 먹고 입는 것이
풍족해야 명예와 치욕을 알게 된다.

倉廩實而知禮節, 衣食足而知榮辱.

—「관·안열전」

━━ 관중의 정치철학이 담겨 있는 그의 책 『관자』의 「목민(牧民)」 편의 말을 인용한 것이다.

『관자』의 핵심은 국가에 비옥한 토지가 있어야 하고 백성들은 배불리 먹어야 한다는 것이다. 생활이 풍요롭지 못한 백성이 잘되기를 바라는 것은 세상을 너무나 모르는 소치다. 관자가 다스릴 때 제나라는 백성들이 바라는 것은 그대로 들어주고, 백성들이 싫어하는 것은 그들의 뜻대로 없애 주었다.

그 뒤 제나라는 이것으로써 천하의 제후들을 아홉 차례나 모이게 하여 패권을 잡았다.

정치란
무조건
주는 것이다

주는 것이 얻는 것임을 아는 것이 정치의 비책이다.

知與之爲取, 政之寶也.

—「관·안열전」

경제에 관한 어록

━━ 관중이 정치를 한 것은 대체로 이런 방향이었다. 그는
어진 정치를 실행하려고 하였으며 제후들과 맺은 맹약을
어기려는 환공에게 건의하여 약속을 지키도록 만들었다.
이런 일로 그가 제나라 재상으로 있을 때 많은 제후들이
제나라를 우러러 보게 되었다. 베푸는 정치를 통해
천하의 신임을 얻었으니, 정치의 묘를 일컫는 만고의
진리는 이런 배경에서 나왔다. 그리고 어찌 정치에서만
그치는 일이겠는가. 경제적 안정을 일구는 정치적 자산
아니겠는가.

가장 잘된
정치는
편안함이다

지극히 잘 다스려지는 시대는 이웃 나라끼리 서로
바라보고 닭 우는 소리와 개 짖는 소리가 서로 들려도,
백성들은 제각기 자신들의 음식을 달게 먹고, 자기 나라의
옷을 아름답게 여기며, 자기 나라의 습속을 편히 여기고,
자신들의 일을 즐기며, 늙어 죽을 때까지 서로 왕래하지
않는다.

> 至治之極, 鄰國相望, 雞狗之聲相聞,
> 民各甘其食, 美其服, 安其俗, 樂其業,
> 至老死不相往來.
>
> ─「화식열전」

■ 사마천이 『노자』 80장에 나오는 말을 인용한 것으로
「화식열전」 서두의 첫 머리에 나온다. 안정된 상품 경제가
백성들을 스스로 만족하게 해, 죽을 때까지 주위를
둘러보지 않게 만든다는 점이 의미심장하다.

사마천은 「화식열전」에서 춘추 말기부터 한나라
초기까지 상공업으로 치부한 사람들을 다루고 있는데, 이
시기의 상공업 발전의 면모를 볼 수 있어 '화식(貨殖)'이라는
이름을 붙였다. '화'는 재산, '식'은 불어난다는 뜻으로,
재산을 늘리는 방법이다. 이 「열전」의 서론 부분은
먹고사는 문제, 즉 경제 능력이 사회생활에서 얼마만큼
중요한지를 강조하고 있다. 사마천은 농업·공업·상업
등의 분업은 사회 경제 생활에 있어 중요한 작용을 하는
필연적인 것으로 보았다. 상업이야말로 먹고사는 문제를
해결하는 원류이며 이들 직업 모두를 함께 중시하는
진보적 면모를 보였다. 사실상 '중농억상(重農抑商)'의
전통적인 가치관을 벗어난 것이다.

부의
지름길은
상업이다

가난에서 벗어나 부자가 되는 길에는 농업이 공업만
못하고, 공업이 상업만 못하며, 비단에 수를 놓는 것이
저잣거리에서 장사하는 것만 못하다. 이것은 말단의 생업인
상업이 가난한 사람들이 부를 얻는 자질임을 말한다.

> 夫用貧求富, 農不如工, 工不如商,
> 刺繡文不如倚市門, 此言末業,
> 貧者之資也.
>
> —「화식열전」

중농억상의 전통 관념을 타파하려는 사마천의 관점이 다시 한번 적나라하게 드러나 있는 말이다. 사마천은 이 인용문 바로 앞 문단에서 "동굴 속에 숨어 사는 선비가 오랫동안 가난하고 천하게 살면서 인의를 말하는 것만을 즐기는 것 또한 아주 부끄러운 일이다."라고 지적하면서 현실에 발을 디딜 것을 촉구했다.

돈은 흐르는 물처럼 유통시켜야 된다, 시세 변동에 따라 새처럼 민첩하게 사고 판다, 돈을 버는 직업에 귀천이 없다는 식의 말이 결코 하루아침에 나온 것이 아니다.

곳간에서
인심나는
법이다

예라는 것은 〔재산이〕 있는 데서 생겨나고 없는 데서는
사라진다. 그런 까닭에 군자가 부유하면 덕을 실천하기를
즐겨 하고, 소인이 부유하면 자신의 능력에 닿는 일을 한다.
못은 깊어야 고기가 있고, 산은 깊어야 짐승이 오가며,
사람은 부유해야만 인의가 따른다. 부유한 사람이 세력을
얻게 되면 세상에 더욱 드러나게 되고, 세력을 잃으면
빈객들이 갈 곳이 없어져 이 때문에 즐겁지 않다.

> 禮生於有而廢於無. 故君子富, 好行其德;
> 小人富, 以適其力. 淵深而魚生之,
> 山深而獸往之, 人富而仁義附焉.
> 富者得執益彰, 失執則客無所之,
> 以而不樂.
>
> ―「화식열전」

━━ 기본적인 것을 갖추고 나면 후속적인 일을 고려할 수
있다는 것이다. 의식주의 해결 없이 인의도덕을 기대하는
것이 무리라는 말이다. 의식주 문제가 해결되면 정치는
별 문제없이 잘 굴러가게 되어 있다. 그러므로 "천금을
가진 부잣집 아들은 저잣거리에서 죽지 않는다.〔千金之子,
不死於市〕"라고 한 것이 빈말이 아니다.

잘사는
사람이
베푼다

부유하면 그 덕을 즐겨 행한다.

富好行其德者也.

— 「화식열전」

━━ 도주공(陶朱公) 범려가 베푼 나눔의 미덕을 찬탄한 말이다.

원래 그는 월왕 구천을 보필했는데 20여 년간 계획을
세워 마침내 오나라를 멸망시키는 일에 기여했고 상장군
자리에 올랐다. 범려는 너무 커진 자신의 명성을 유지하기
어렵다고 여겼다. 더군다나 구천의 사람됨은 어려울
때는 같이할 수 있어도, 편안할 때는 함께 하기 어렵다는
생각에 직책을 사직하고 가벼운 보물을 간단히 챙겨 집안
식솔들과 함께 배를 타고 제나라로 갔다.

범려는 이름을 치이자피(鴟夷子皮)로 바꾸고 다시 생계를
도모했는데, 돈을 벌 수 있는 방법이 의외로 많았다.
탁월한 투자자답게 범려는 물자를 쌓아 두었다가 시세의
흐름을 민감하게 보고 내다 팔아 돈을 벌었다. 말하자면
매점매석이었는데 이렇게 해서 19년 동안 천금의 거금을
손에 쥐었다. 그렇게 번 돈을 두 번이나 못사는 친구들과
먼 형제들에게 나누어 주었다. 자손들 역시 가업을 잘
운영하여 재산을 늘려 거만금에 이르는 부자가 되었다.

배울
그릇이
되라

그 임기응변하는 지혜가 없거나 일을 결단하는 용기가
없거나 주고받는 어짊이 없거나 지킬 바를 끝까지 지킬
수 없는 사람이라면 내 방법을 배우고 싶어 해도 끝까지
가르쳐 주지 않겠다.

> 其智不足與權變, 勇不足以決斷,
> 仁不能以取予, 彊不能有所守,
> 雖欲學吾術, 終不告之矣.

— 「화식열전」

━━━ 백규(白圭)라는 주나라 사람이 시세의 변동을 살피기를
좋아하여 사람들이 버리고 돌아보지 않을 때는 사들이고,
세상 사람들이 사들일 때는 팔아 넘겼다. 풍년이 들면
곡식은 사들이고 실과 옻은 팔았으며, 〔흉년이 들어〕
누에고치가 나돌면 비단과 풀솜을 사들이고 곡식을 내다
팔았다. 이런 식으로 그는 큰돈을 거머쥐었다.

   그가 언급한 것은 오늘날에도 무역을 하고 부를
축적하는 데 있어 핵심적인 자질들이다. 가장 중요한 말은
'지킬 바를 끝까지 지킨다.'는 것으로, 대개 가격 담합
같은 편법이나 종목 확장과 같은 무리한 욕망을 절제하는
것이다.

명성과
부귀의
관계

어진 사람이 묘당에서 깊이 도모하고 조정에서 논의하며
신의를 지켜 절개에 죽거나, 동굴 속에 숨어 사는 선비가
높은 명성을 얻으려는 것은 결국 무엇을 위해서인가?
그것은 부귀로 귀착되는 것이다.

> 賢人深謀於廊廟, 論議朝廷,
> 守信死節隱居巖穴之士設爲名高老安歸乎?
> 歸於富厚也.
>
> ─「화식열전」

사마천은 "부라는 것이 사람의 타고난 본성이라 배우지
않아도 누구나 얻고 싶어 하는〔富者, 人之情性, 所不學而俱
欲者也〕것"이라고 생각했다. 그렇다면 귀함은 무엇인가.
사마천은 부자라고 해서 반드시 몸이 귀해진다고 말하지는
않았다. 부유해질수록 행동거지를 바르고 넓게 함으로써
귀해져야 한다는 것을 의미한다. 신분제 사회였던 당시에는
부자들의 사회적 역할이 오늘날 못지않게 더 컸음은
물론이다.

부자와
군주는
동급이다

부유해지는 데는 정해진 직업이 없고, 재물은 영원한
주인이 없다. 능력이 있는 사람에게는 재물이 모이고,
능력이 없는 사람에게서는 기왓장 부서지듯 흩어진다.
천금의 부자는 한 도읍의 군주에 맞먹고, 거만금을 가진
부자는 왕자(王者)와 즐거움을 같이한다.

> 富無經業, 則貨無常主, 能者輻湊,
> 不肖者瓦解. 千金之家比一都之君,
> 巨萬者乃與王者同樂.
>
> ―「화식열전」

━━ 부자의 조건은 직업의 귀천에 있는 것이 아니라, 그 사람이
가지고 있는 능력에 있다는 것이다. 「화식열전」에서
사마천이 열거한 부자들은 하나같이 그 출신 성분이
기기묘묘하고 천한 사람들이 많다. 심지어 노예 출신도
있다. 직업이 높아서 부자가 된 이들은 사마천이 볼 때
진정한 부자가 아니다. 그것은 단지 따라오는 반대급부일
뿐이다. 진정한 부자는 신체의 부지런함과 머리의
출중함, 나아가 시세를 읽고 시장을 조화롭게 운영하는
오케스트라의 지휘자와 같은 아우라를 내뿜는 이들이다.
부를 철저하게 능력과 연결 지은 사마천식 부자관의
절정을 이루는 대목이다.

시대의
변화에
민감하라

속담에 '책으로 말을 모는 자는 말의 뜻을 다 이해할 수
없고, 옛날 법도로 지금을 다스리는 자는 일의 변화에
도달할 수 없다.'라고 하였으니, 법도만을 따르는 공으로는
세속을 초월하기 어렵고, 옛날을 본받는 학문으로는
지금을 다스리기 어려운 것이오.

> 諺曰'以書御者不盡馬之情,
> 以古制今者不達事之變'. 循法之功,
> 不足以高世; 法古之學, 不足以制今.
>
> —「조세가」

━━ 조문(趙文), 조조(趙造), 주소(周紹), 조준(趙俊) 등이 조나라
무령왕(武靈王)에게 호복(胡服; 오랑캐 옷)을 입지 말고 옛날
방식이 편하다고 간언하며 말리자 왕이 한 말이다.
온고지신도 좋고 옛 성현의 말씀도 좋다. 그러나 그것이
지금 이 시대와 영합할 뿐 뛰어넘고 다스릴 수 없다면 무슨
소용이 있느냐는 것이다.

변화와
씁쓸한 처세

성인은 변화하여 정해진 태도가 없으며, 변화에 따르고
시대에 호응하며, 끝을 보고 근본을 알며, 지향하는 바를
보고 귀착되는 바를 안다고 합니다. 사물이란 본래 이런
것입니다. 어찌 변하지 않는 고정된 법칙이 있겠습니까?

聖人遷徙無常, 就變而從時, 見末而知本,
觀指而覩歸. 物固有之, 安得常法哉!

— 「이사열전」

━━ 진시황이 사막 한가운데서 갑자기 죽자 환관 조고가
유서를 조작해 자신이 마음대로 조정할 수 있는 시황제의
막내아들 호해를 왕위에 올리자고 제안한다. 이에 놀란
이사가 뿌리치면서 말했다.

"나는 상채라는 시골의 평민이었으나, 다행히도
황제께서 발탁하여 승상이 되고 열후로 봉해졌으며
자손들도 모두 높은 지위와 많은 봉록을 받게 되었소.
이것은 나라의 존망과 안위를 나에게 맡기려고 한 것인데,
어떻게 그 뜻을 저버릴 수 있겠소? 충신은 죽음을 피하려
요행을 바라지 않으며, 효자는 부모를 섬기는 데 부지런히
힘쓰고 위험한 일을 하지 않으며, 다른 사람의 신하가 된
자는 저마다 자기 직책을 지킬 따름이오. 당신은 이 이상
말하지 마시오. 나에게 죄를 짓도록 할 셈이오?"

그러나 이 말을 듣고 물러날 조고가 아니었다. 조고가
다시 이사에게 사람은 시류에 따라 기민하게 움직여야
하며 어찌 고루하게 옛 정만을 생각하느냐고 몰아가며
앞의 인용문대로 말했다. 이사는 길게 탄식하며 이미
대세가 기운 것을 알고 정변에 가담하게 된다.

앞의 인용문은 참으로 가증스러운 수준으로 여기
붙었다 저기 붙었다 하는 처세를 합리화하는 말놀이에
불과하다.

말의
이면을
읽어라

겉치레의 말은 허황되고, 마음속에서 나오는 말은 진실
되며, 듣기 괴로운 말은 약이 되고 달콤한 말은 독이 된다.

貌言華也, 至言實也, 苦言藥也,
甘言疾也.

— 「상군열전」

━━ 개혁가 상앙이 한 말이다. 군주는 귀를 거스르는 말과
아첨하는 말의 차이를 제대로 인식하고 있어야 현명한
신하들이 곁에 머물 수 있다. 그러므로 군주는 조미료를
친 말이 아니라 깊은 맛을 내는 말을 맛볼 줄 아는
미식가여야 한다.

변법의
조건을
살펴라

백배의 이로움이 없으면 법을 고쳐서는 안 되며, 열
배의 효과가 없으면 그릇을 바꿔서는 안 됩니다. 옛것을
본받으면 허물이 없고 예법을 따르면 사악함이 없습니다.

利不百, 不變法; 功不十, 不易器.
法古無過, 循禮無邪.

— 「상군열전」

━━ 상앙의 개혁을 반대하는 두지가 한 말이다. 물론 이에 대한
상앙의 반론이 있었다.

"세상을 다스리는 데는 한 가지 길만 있는 것이
아니므로, 그 나라에 편하면 옛날 법을 본받을 필요가
없습니다.〔治世不一道, 便國不法古〕"

문제는 옛날이니 지금이니 하는 것이 아니고 어느 것이
국가의 장래에 도움이 되는가 하는 점이다.

지나친 개혁은
화를 부른다

옛것을 바꾸고 습관화된 도리[常]를 어지럽히는 자는 죽지
않으면 망한다.

> 變古亂常, 不死則亡.
>
> ―「원앙·조조열전」

━━ 사마천이 조조(晁錯)의 경우를 빗대어 총평한 것이다.

한나라 효문제 때 태자의 사인이었던 조조가 여러 차례 국사에 관한 의견을 말했으나 받아들여지지 않았다가 그 뒤에 자신이 권력을 휘두르게 되자 법을 많이 고쳤다.

과거의 어떤 판단에 애착을 가져 그것을 고집스럽게 지니고 있다가 여건이 되자 배설하듯이 만족하려 하니 일이 엉키고 엉망이 되었다. 제후들이 반란을 일으켰을 때, 일사불란하게 서둘러 해결하지 않고 오히려 그것을 이용해 사사로운 원한을 갚으려다가 도리어 자신의 몸을 망치고 말았던 것을 두고 한 말이다.

바른
정치란

나라를 다스리는 것은 말을 많이 하는 데 있는 것이
아니고 단지 어떻게 힘써 행하느냐에 달려 있습니다.

爲治者不在多言, 顧力行何如耳.

— 「유림열전」

━━━ 한 무제가 여든이 넘은 나이의 신공(申公)에게 치란의
근본을 묻자 신공이 답한 것이다.

　당시 무제는 문인들을 우대했기 때문에 신공의 답변이
별로 달갑지 않았다. 그러나 이미 신공을 초빙한 터라
명당을 세우는 일의 자문관으로 신공을 위촉하였다.
그런데 두태후 역시 노자를 좋아하고 유학을 좋아하지
않아 명당 세우는 일을 그만두게 되어 결국 신공은 뜻을
펴 보지 못한 채 병들어 죽고 말았다.

　본래 신공은 노나라 사람으로 한때 노나라 태자
유무의 스승이었다. 유무는 학문을 좋아하지 않아 신공을
미워했고 심지어 스승을 죄인으로 만들어 버렸다. 신공은
이것을 수치스럽게 여겨 노나라로 돌아와 집에서 제자들을
가르치며 평생 문밖을 나오지 않았고, 빈객의 방문도
사절했다. 다만 노나라 공왕(恭王)이 부를 때만 나아갔다.
『시경』에 정통한 그의 학문을 흠모하여 먼 곳에서 찾아와
학업을 받는 제자만도 백여 명이나 되었다.

모든 것은
조화다

큰 수레일지라도 균형을 바로잡지 않으면 본래 실을 수
있는 능력만큼 싣지 못하고, 현악기는 음을 맞춰 놓지
않으면 5음을 이룰 수 없습니다.

　　　　大車不較, 不能載其常任; 琴瑟不較,
　　　　不能成其五音.

—「전경중완세가」

━━ 순우곤이 추기자에게 충고한 말이다. 사물은 그 조화를
잃어버리면 무용지물이라는 것이다. 줄이 하나 끊어지면
악기는 창고에 넣어야 하고, 간장이 위태로우면 심장이
튼튼한 것이 아무 소용이 없다. 모든 것이 제자리에서
고르게 제 숨을 쉬고 있어야 음악이 나온다. 이것이
악(樂)의 본질이다.

　　순우곤은 제나라 사람으로 견문이 넓고 기억력이
뛰어났으며 어떤 한 학설에 국한하여 배우지는 않았다.
그는 군주에게 충고하고 설득하는 면에서는 안영의
사람됨을 흠모했지만, 군주의 뜻에 따르고 그 얼굴빛을
살피기에 급급하기도 했다. 때로는 비위를 맞추고 때로는
소신 있게 말했으니 오늘날에도 어떻게 평가해야 할지
논란이 많은 학자다.

흥성과 패망의
이유와 원인

나라가 장차 일어나려면 반드시 상서로운 조짐이
있고, 군자가 등용되고 소인은 물러난다. 나라가 장차
무너지려면 어진 사람은 숨고 어지럽히는 신하들이 귀하게
된다.

> 國之將興, 必有禎祥, 君子用而小人退.
> 國之將亡, 賢人隱, 亂臣貴.
>
> —「초원왕세가」

■■■ 사마천이 이 편의 끝머리에서 한 논평이다. 평범한 말인
듯하나 나라의 흥망에는 필연적으로 이유와 원인이 있다.
물론 그 중심에 어떤 인물들이 존재하는가의 문제가 있다.
그래서 사마천은 다시 "나라의 안위는 명을 내리는 데에
있고, 나라의 존망은 임용하는 바에 달려 있다.〔安危在出令,
存亡在所任〕"고 덧붙였다.

정치란
섬김이요
겸허다

문밖을 나서서는 귀중한 손님을 대접하듯이 하고, 백성을
부릴 때는 큰 제사를 받들듯이 신중하게 하라. 〔그렇게
하면〕 제후의 나라에서도 원망하는 사람이 없을 것이고,
대신들의 집에서도 원망하는 사람이 없을 것이다.

出門如見大賓, 使民如承大祭. 在邦無怨,
在家無怨.

— 「중니제자열전」

━━ 염옹(冉雍)은 공자의 제자로 자는 중궁(仲弓)이다. 그가
정치하는 방법을 묻자, 공자가 대답한 것이 이렇게
간단했다. 집에 찾아오는 손님은 융숭히 대접하기
마련이다. 그러나 집 밖에서 만나는 사람들과는 걸핏하면
싸우거나 음모를 꾸며 해꼬지를 하려고 한다. 모든 사람을
내 집에 찾아온 손님처럼 대접하라는 것이다. 또한 사람을
부릴 때는 명령하지 말고 부탁하라는 것이다. 명령하면
반발심이 생기고 시키는 것만 하게 된다. 하지만 부탁하면
여러 가지를 헤아려서 빈틈없이 도와주고 싶은 것이
사람들의 심리다.

치국의
두 가지 기술

나라를 잘 다스리는 자는 안으로는 그 권위를 굳게 하고,
밖으로는 그 권력을 무겁게 한다.

善治國者, 乃內固其威而外重其權.

—「범저·채택열전」

범저가 진나라 소왕과 가까워지자 어느 날 왕에게
"대체로 나라 일을 마음대로 처리하는 자를 왕이라 하고,
사람에게 이익과 해를 줄 수 있는 권력을 가진 자를 왕이라
하며, 사람을 살리고 죽이는 위력을 가진 자를 왕이라
합니다."라고 하면서 그 당시 태후와 양후, 화양군과
경양군 등이 전횡하는 것이 결국에는 국가를 위태롭게 할
것이라고 충고했다.

　특히 양후가 주요한 권력을 장악하여 마음대로 사신을
보내 제후들을 다루고, 천하의 땅을 나누어 사람을 봉하고,
적을 무찌르고 다른 나라를 치는 등 진나라의 국정에
관여하지 않는 것이 없는 상황에서 나온 말이다.

　결국 소왕은 태후를 폐하고 양후, 고릉군, 화양군,
경양군을 함곡관 밖으로 내쫓았다. 그리고 범저를
재상으로 삼고, 양후의 인수를 거두어 도읍으로 돌아가게
했다. 이때 현의 관리에게 짐 실을 수레와 소를 내주도록
했는데, 양후의 수레는 천 대가 넘었다. 함곡관에 이르자
관문을 지키는 관리가 그 귀중품을 조사했는데, 보물과
진기한 물품이 왕실보다 많았다. 범저는 자신이 말한 대로
안으로는 소왕의 권력을 굳게 했고, 밖으로는 그 권력을
무겁게 했다.

눈높이에
맞추어라

〔수준을〕 낮추어 말하고 지나치게 고상한 견해는 말하지
마시오. 지금 당장 시행할 수 있는 것을 말하시오.

卑之, 毋甚高論, 令今可施行也.

—「장석지·풍당열전」

■ 장석지가 한 문제에게 국정을 얘기하는데 너무 와 닿지
않는 견해를 말하자 문제가 핀잔을 준 것이다.

그러자 장석지는 진나라와 한나라의 일, 즉 진나라가
멸망하고 한나라가 일어나게 된 원인에 대해서 오랫동안
말하였고 문제는 훌륭하다고 하면서 곧 장석지를 높이
등용했다. 그는 황제의 질문에 즉시 상세하게 대답하는
기민함을 보이면서 문제의 곁에서 확고한 의지에 따라
적지 않게 간언도 하면서 보좌했다. 특히 그는 문제가
강후 주발을 호권(虎圈; 호랑이를 가두어 기르는 곳)을 관리하는
색부(嗇夫)에 임명하고자 하자 이렇게 말리기도 했다.

"지금 폐하께서는 주발의 말주변을 높이 사서
파격적으로 승진시키려고 하시는데, 신은 천하 사람들이
바람 따라 휩쓸리듯 말재주에만 지나치게 힘써 다투고
실제적인 이익을 꾀하지 않을까 염려됩니다. 또 아랫사람이
윗사람을 본받는 것은 그림자가 형체를 따르고 메아리가
소리에 답하는 것보다 빠릅니다. 이 때문에 폐하께서는
누구는 임용하고 누구는 임용하지 않을 때 신중하게
하시지 않으면 안 됩니다."

자기
희생이
덕목이다

우는 사람됨이 영민하고 총명하고 의욕이 왕성하며 매우
부지런하였다. 그 덕은 어김이 없었고, 인자하여 친애할
수 있었으며, 말은 신용이 있었다. 말소리는 음률처럼
화기애애하였고, 행동은 법도에 맞았으며, 일을 잘
처리하고, 부지런하고 엄숙하여 〔백관의〕 기강이 되었다.

> 禹爲人敏給克勤; 其德不違, 其仁可親,
> 其言可信; 聲爲律, 身爲度, 稱以出; 亹
> 亹穆穆, 爲綱爲紀.
>
> —「하본기」

제왕의 업을 세운 우임금의 인물됨이다. 우는 부지런히 일하느라 13년 동안 자기 집 대문 앞을 지나가면서도 들어가 볼 수 없을 정도였다. 우는 순의 뒤를 이어 왕이 되었다.

중국 고대 하·은·주 시대의 기록을 보면 이렇듯 임금의 자기희생을 절대적인 덕목으로 강조한다. 우임금의 이런 근면성이 결국 그가 치수에 성공하게 만들었다. 그래서 중국인들은 단순한 조대의 이름으로 하 왕조를 기억하는 것이 아니라 중화 문명 혹은 문화를 대변하는 것으로 삼는다는 점이다.

덕은
추종자를
만든다

서백이 돌아와 선을 쌓고 덕을 베풀어 제후들이 주(紂)를
등지고 가서 서백에게 귀의하게 되었다.

> 西伯歸, 乃陰修德行善,
> 諸侯多叛紂而往歸西伯.
>
> — 「주본기」

덕정에 관한 어록

━━ 제후들이 서백을 추종한 이유는 다름 아닌 덕망
때문이었다. 그러나 포악한 주는 그 이유를 깨닫지 못했다.
사마천은 「주본기」에서 주나라의 역사를 체계적으로
정리했다. 주나라의 발전에서는 천하대세가 '덕'에서
'힘'으로 전환된다. 천명론의 쇠락과 인간의 존재 자체에
대한 자각으로 전환해 나가는 과정을 엿볼 수 있다.
그러므로 우리는 흔히 하·은·주 3대로 함께 부르지만
하·은과 주는 성격이 확연히 다르다는 것을 알 수 있다.
하와 은 두 왕조가 주로 전승되어 온 자료에 입각하여
서술된 것이라 한다면, 「주본기」는 사마천 특유의
냉정하고도 객관적인 시각을 가지고 공자가 지나치게
과장한 주나라의 역사를 담담하게 그려 나가고 있기
때문이다.

모든 것은
부덕의
소치다

천도(天道)에 대해 들어 보니 재앙은 원한에서 비롯되고
복은 덕으로부터 일어난다고 하였소.

    蓋聞天道, 禍自怨起而福繇德興.

─「효문본기」

천도에 관한 해석은 냉혹했다. 백관의 잘못은 자신의 잘못에서 비롯된다고 믿는 효문제는 모든 잘못을 자신의 부덕의 소치로 돌렸다. 물론 사마천도 시종 일관되게 묘사하고 있지만, 한대의 제왕 가운데 한 문제(文帝)야말로 사마천이 매우 칭찬해 마지않던 성군이었다. 따라서 이 편을 통해 사마천은 한 문제가 재위했던 기간의 일련의 덕정에 치중하여 사마천 자신의 정치 이상을 분명하게 드러내었고 아울러 후대의 군신들에게 많은 귀감을 주고자 했다.

덕정으로
바로잡아라

법으로써 인도하고 형벌로써 바로잡으면, 백성들은 형벌을
피하는 것을 부끄럽게 여기지 않는다. 덕으로써 이끌고
예로써 바로잡으면, 부끄러움을 알고 바르게 살아간다.

導之以政, 齊之以刑, 民免而無恥.
導之以德, 齊之以禮, 有恥且格.

— 「혹리열전」

■ 사마천이 공자의 말을 인용해 예의와 도덕의 중요한 작용을 천명한 것이다. 폭정을 반대하는 사상을 선명하게 드러낸다. 사마천은 "법령이란 다스림의 도구일 뿐 〔백성들의〕 맑고 탁함을 다스리는 근원은 아니다."라고 보았다.

사마천은 혹리(酷吏)라는 이름을 붙여 법 집행에서 공과 사가 엄격한 이들의 열전을 만들었다. 사마천은 혹리 12명의 행적과 한 무제의 정책이 무모하다고 비판했으며, 법령이 늘수록 도둑이 느는 이유가 있고, 법의 엄격함에 백성들의 피폐함이 배어 있다고 보았다.

위에서
덕으로
감화하라

궁궐에서 종을 치면, 소리는 밖까지 들린다. 깊은 못에서
학이 울면, 소리는 하늘까지 들린다.

> 鼓鍾于宮, 聲聞于外. 鶴鳴九皐,
> 聲聞于天.

— 「골계열전」

한 무제 때 학궁(學宮)에 모인 박사와 여러 선생들이 서로 의론을 펴던 끝에 모두들 동방삭을 비난했다. 그 근거는 모든 능력과 정성으로 충성을 다해 성스러운 황제를 섬긴 지 수십 년의 시간이 지났건만, 벼슬은 겨우 시랑(侍郎)이고 직위는 집극(執戟)에 지나지 않는다고 하면서 이것은 근본적인 문제라고 타박했다. 이 말에 동방삭이 『시경』을 인용하여 대꾸한 것이다. 일견 자랑처럼 들리는 이 말은 당신들보다 내가 훨씬 멀리 보고 사물을 꿰뚫어 본다는 자부심의 표출이다.

그러고는 하나의 예를 들어 태공망 여상이 몸소 인의를 실천하다가 72세가 되어서야 주나라 문왕을 만나 자신의 포부를 실행할 수 있게 되었고, 제나라에 봉해져 자손들에게 이르기까지 700년 동안이나 끊어지지 않았다고 하였다.

이러한 것은 마치 성스런 황제가 궁궐에 있으면 그 은덕이 천하에 울려 퍼진다는 말이다. 제후들이 복종하고 사방 오랑캐들이 복속되는 것은 바로 그런 덕의 문제이지 않은가?

선량한
재상이
필요한 이유

집안이 가난하면 선량한 아내를 생각하고, 나라가
혼란하면 선량한 재상을 생각한다.

家貧則思良妻, 國亂則思良相.

—「위세가」

　　덕정에 관한 어록

■ 위(魏)나라 문후(文侯)가 이극(李克)에게 성자(成子)와 적황(翟璜) 둘 중에서 누구를 위나라 재상으로 임명하면 좋겠느냐고 물어보면서 말한 것이다. 이에 대한 이극의 대답은 이러했다. "제가 듣기로는 비천한 자가 존귀한 사람을 평하지 않고, 소원한 사람이 가까운 사람을 평하지 않는다고 합니다.〔臣聞之, 卑不謀尊, 疏不謀戚〕"

나보다 당신이 더 잘 알지 않느냐는 말이었다.

죽음과
용기는
정비례한다

죽음을 알면 반드시 용기가 솟아나게 된다. 죽는 것 그
자체가 어려운 것이 아니고 죽음에 대처하기가 어려운
것이다.

知死必勇, 非死者難也, 處死者難.

— 「염파·인상여열전」

━━ 사마천이 인상여의 기상에 감탄한 말이다.

진나라 소왕이 조나라의 보물 화씨벽이 탐나서 진나라 땅 일부와 바꾸자고 제안했다. 물론 거짓말이었다. 하지만 조나라는 강대국의 요구에 가만히 있을 수 없어 인상여에게 화씨벽을 들려 진나라로 보냈다. 소왕을 맞대면한 인상여는 화씨벽을 바치고 그 대신 땅을 떼어 달라고 했다. 구슬을 손에 넣은 소왕이 희희낙락하며 말을 바꾸려 하자, 인상여는 계책을 내어 "사실은 구슬에 티가 있는데 그곳을 알려 주겠다."며 돌려받았다. 그런 후 왜 약속을 지키지 않느냐며 다시 빼앗으려 하면 자살하겠다고 궁궐의 큰 기둥을 노려보았다.

이 대단한 기상 앞에서 사마천은 큰 감동을 느끼며 찬탄한다. 인상여는 나중에 자신을 시기하는 염파에게 권력을 양보하면서 안으로 권력 다툼이 없게 함으로써 다른 나라들이 조나라를 넘보지 못하게 했다. 사마천은 인상여를 "지혜와 용기 두 가지 모두 갖춘 인물"이라고 평가했다.

김원중 金元中

성균관대학교 중문과에서 문학박사 학위를 받았다. 대만 중앙연구원과 중국 문철연구소 방문학자 및 대만사범대학 국문연구소 방문교수, 건양대학교 중문과 교수, 대통령직속 인문정신문화특별위원회 위원을 역임했다. 현재 단국대학교 사범대학 한문교육과 교수로 재직하고 있으며 중국인문학회·한국중국문화학회 부회장을 맡고 있다.

동양의 고전을 우리 시대의 보편적 언어로 섬세히 복원하는 작업에 매진하여, 고전 한문의 응축미를 담아내면서도 아름다운 우리말의 결을 살려 원전의 품격을 잃지 않는 번역으로 정평 나 있다. 《교수신문》이 선정한 최고의 번역서인 『사기 열전』을 비롯해 『사기 본기』, 『사기 표』, 『사기 서』, 『사기 세가』 등 개인으로서는 세계 최초로 『사기』 전체를 완역했으며, 그 외에도 MBC 「느낌표」 선정도서인 『삼국유사』를 비롯하여 『한비자』, 『정관정요』, 『손자병법』, 『명심보감』, 『정사 삼국지』(전 4권), 『당시』, 『송시』, 『격몽요결』, 『채근담』 등의 고전을 번역했다. 또한 『한마디의 인문학, 고사성어 사전』(편저), 『한문 해석 사전』(편저), 『중국 문화사』, 『중국 문학 이론의 세계』 등의 저서를 출간했고 40여 편의 논문을 발표했다.

사기어록

1판 1쇄 펴냄 2020년 2월 17일
1판 3쇄 펴냄 2021년 1월 20일

지은이   김원중
발행인   박근섭·박상준
펴낸곳   (주)민음사

출판등록   1966. 5. 19. 제16-490호
주소   서울특별시 강남구 도산대로1길 62(신사동)
          강남출판문화센터 5층 (우편번호 06027)
대표전화   02-515-2000 | 팩시밀리 02-515-2007
홈페이지   www.minumsa.com

ⓒ김원중, 2020. Printed in Seoul, Korea

ISBN 978-89-374-2037-5 (03910)